ボクらのキボウ　政治のリアル

もくじ

はじめに ——————————— 7

第1部
ボクらが
ホンネで分からない
政治のこと ——————————— 11

① そもそもなんでボクたちが
　選挙に行かなきゃいけないの？ ——————— 12

② ボクらは政治に興味がないんじゃなくて、
　期待してないんだけど？ ——————————— 21

③ ボクらが生まれたころから、
　政治で何か変わったの？ ——————————— 30

④ それでも全国で様々な活動をしている
　ボクらのホンネ ———————————————— 41

⑤ 世界の若者から、
　日本のボクらはどう見える？ ————————— 50

⑥ 2020年、ボクらの未来はどうなるの？ ———— 58

もくじ

第2部
若者政策討議会
～ボクらのホンネを聞いてください～ ——— 65

若者政策草案
①
教育支援 ——— 69

自由民主党 ——— 71

民主党（当時） ——— 77

公明党 ——— 83

維新の党（当時） ——— 88

おおさか維新の会 ——— 92

日本共産党 ——— 97

若者政策草案
②
年金・社会保障 ——— 102

おおさか維新の会 ——— 104

公明党 ——— 108

もくじ

自由民主党	113
民主党（当時）	118
維新の党（当時）	123
日本共産党	127

若者政策草案
③
若者担当大臣・省庁 またはこれらに代わる 部局の設置 ——— 132

日本共産党	134
維新の党（当時）	139
民主党（当時）	143
自由民主党	149
公明党	155
おおさか維新の会	160

質疑応答	165
メッセージ	180

もくじ

各党の身近な政策実績 ——————— 195
あとがき ———————————————— 206

はじめに

「で、選挙いくの？」
「結局、どこに投票するか決めた？」

　こんなふうに人とは話さない。でも、**実はけっこう気になる、「選挙」。**

　この夏、ボクたち19歳、18歳の240万人は、新たに選挙に行けるようになります。

　そして実際に、NHKの調査では18歳から19歳の約60％が、「選挙に行く」と回答しています。前回の衆議院選挙の投票率が53％であったことを考えると、もしかすると大人よりもボクらのほうが政治に対して前向きなのかもしれません！

　しかし一方で、ボクらのおよそ半数は投票について不安を感じています。

　その理由は大きくふたつ。
　ひとつは、「**政治についてよくわからないから（36％）**」

そしてもうひとつは、「**どの政党候補者に投票すべきかわからないから（30%）**」

これは、政治についてのボクらのホンネです。

せっかく選挙に行きたい、あるいは行かなきゃいけないと思っているのに、政治についてはよくわからない、という状態からまずは抜け出さなければいけません。

まずすべきは、いまのボクたち**若者が置かれている日本の政治の状況を知る**ことだと思います。
この本の第1部では世界から見た日本の若者たちや、ボクたちがうまれてから政治で変わってきたこと、そして、ボクらの将来について、現実的なデータや調査と、私が若者の声を政治に届ける「日本若者協議会」の代表理事として、また様々なボランティア活動を通じて実際に聞いた話をもとに、紹介します。

そして、第2部では、各政党の現役国会議員6人が若者政策についてどう思っているのか、生の声を紹介します。

そのために、ボクらが求める若者政策を「教育」「年金」「若者の政治参加」に絞り「若者政策草案」を作成し、それを自由民主党、公明党、民主党（当時）、維新の党（当時）、

おおさか維新の会、日本共産党の議員に投げかけ、「若者政策討議会」を開催しました。

　どこか自分とは違う世界に住んでいるようなテレビに映る国会議員。あるいは選挙のときばかり大声を張り上げている地元の候補者。
　そんなイメージとは違い、直接向き合った政治家のみなさんからの**「若者政策草案」に対する答えは、まさにリアルな政治の現場からの声**でした。

　ボクらにとって身近で、自分の将来に関わる政策についての討議の内容は、投票する政党を選ぶひとつのヒントとなるはずです。

　そして、各政党の若者政策に対するスタンスはボクらだけではなく、ボクらの親、あるいは祖父母の世代や、これから親となる世代のみなさんも気になることなのではないでしょうか。

　今だからこそ伝えたいボクらのキボウと、今こそ知っておきたい政治のリアル。
　この本が、あなたにとって**選挙で自信をもって投票する**ための役に立ち、これからの**若者の未来について考える**きっかけになれば幸いです。

第1部

ボクらが
ホンネで分からない
政治のこと

1

第1部　ボクらがホンネで分からない政治のこと

そもそもなんでボクたちが選挙に行かなきゃいけないの？

———

　2016年の夏、いよいよボクたちは18歳選挙権[1]を手に入れます。でも、ボクたちの多くはまだ働いていません。**未成年のボクたちが選挙に行って政治に参加するなんて、早すぎる**んじゃないか、って思う方もいるでしょう。

　でも、世界を見渡すと、すでに90％以上の国で18歳から投票に行けるのです。日本はその点、遅れています。実に70年ぶりの選挙権拡大で、今年18歳以上20歳未満のおよそ240万人が選挙に行けるようになりました。

---

[1] 平成27年6月、公職選挙法等の一部を改正する法律が成立・公布され、施行となる平成28年6月19日以降、年齢満18年以上満20年未満の者が選挙に参加することができるようになった。

ボクたちが18歳から投票できるようになった背景には、少子高齢社会という問題があります。また、憲法改正などの政治的背景もあるのではないかとも言われています。

　少子高齢社会の中ではボクたち若者は政治の面で圧倒的に不利です。なぜなら、有権者人口は高齢者が多くなり、政治家は票が多い世代に向けた政策を提示するからです。ボクたちの声はどんどん政治に届きにくくなっています。

　今回、18歳から選挙権を持つことで、ボクたちは年金や社会保障、様々な社会問題の当事者として直接、政治の場に関わることができます。

　それは、ボクらにとって大きな一歩です。

　今まではボクらの意思を直接、政治に反映させる手段はありませんでした。しかしこれからは、しっかりその権利を行使するほうがトクです。
　また、選挙に行くということは、今の日本を支えるだけでなく、将来世代に対する責任を果たすことにもなります。

　とはいえ、ボクらがみんなで選挙に行くのって、現実的にありえるんでしょうか？

昔、選挙権が拡大されたことが何度かあります。そのときに新しく有権者となった人々はどうしたと思いますか？

　さかのぼれば1946年4月10日、女性に参政権が与えられてから戦後初めての衆議院議員選挙が行われました。

　日本で選挙がはじまったのは1889年です。それから57年間、女性が選挙に行くことはできなかったんです。きっと政治に対する不満が溜まっていたと思います。

　ところが、毎日新聞の投票日前の紙面には「婦人の関心は低い」、「7割8割は棄権するだろう」と載っていたのです。

　では、実際どうだったのか。なんと67％の女性が投票し、39人の女性議員が誕生しました。これは、当時の選挙先進国であるフランスよりも多くの女性が国会議員になったということです！今思えばすごいことですよね。

　18歳選挙権がはじめて導入される2016年の日本。同じように「若者の関心はどうせ低いだろう」、「どうせ選挙になんか来ないだろう」といった報道をよく目にします。

　しかし、2016年の選挙も蓋を開けてみたら18歳と19歳の投票率が70％だったというのも十分ありえる話です。

　もちろん、女性が初めて投票した選挙は、終戦後という

こともあり生活に困窮しているなどの身近な社会問題や、民主化の波にのったという時代背景も影響しています。

　それと同じように、ボクらが政治に関心を持ち、選挙に行くためには、まずボクら自身が実は様々な社会問題の当事者であることに気づくことが大切です。

　若者の課題は格差[2]です。

　世代間のみならず、ボクら10代や、20代の間でも生活レベルの違いが顕著にでてきています。政治に対してボクらが一丸となって物申していかなければいけない時代です。選挙での投票率が一気に上がれば政治家も無視することはできません。

　でも、そもそもなぜボクらに負担がかかるような状況になってしまったのでしょうか？
　若者の将来を暗くしよう、若者につけをまわそうと思っていた大人はいなかったはずです。

　ではここで、若者の投票率推移を見てみましょう。
　総務省のデータによると昭和42年の20代の投票率は66.69％。平成26年の32.58％と比べるとなんと2倍以上

---

[2] 例えば2015年の厚生労働省の試算によると年金の給付額は1945年生まれの70歳の世帯の場合、支払った保険料の5.2倍だが1985年生まれの30歳以降の世帯では2.3倍になり、会社分の負担と合わせると給付はタンス貯金と変わらない。また、この試算モデル自体が甘いと批判されている。

です！さらに当時の他世代との投票率を比べると70代以上よりも投票率が高く、一番高かった50代と比べてもおよそ16ポイントしか差がありません。

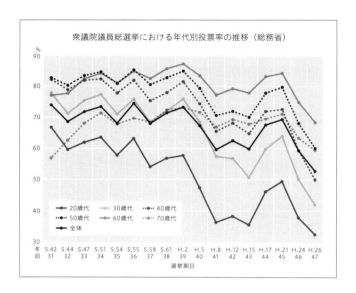

しかし、次の昭和44年の選挙では、若者の投票率はいきなり他世代を平均10％下回ってしまいました。さらに平成に入ってからは20％以上低いという結果が続いています……。

このように、**若者の投票率は、初めて20歳に選挙権が与えられた選挙から劇的に低下しています。**こうした状況

が続いてきたからこそ、「シルバーデモクラシー[3]」といわれる高齢者重視の政治体制が確立してしまったのです。

　さらに人口減、少子高齢社会が拍車をかけ、結果的に若者が不利な状態となり、さらにボクらの借金が増えてきたのではないでしょうか。

　平成27年版子供・若者白書（内閣府）によると、子どもの相対的貧困率は昭和60年から上昇傾向にあります。
　平成24年には16.3％を記録し、**6人から7人にひとりの子どもが貧困状態**に陥っています。
　また子どもを持つ現役世帯の相対的貧困率もやや上昇傾向にあり、ひとり親世代では50％を上回ります。失業率は低下傾向ですが15歳から29歳まで合わせた失業者数は平成26年でも60万人を上回っており、「活き活きとしている若者[4]」という理想からはかけ離れている現状です。

　生命保険会社などの調べによると、中・高校生の約7割が将来に不安を持っているという結果がでました。
　年金はもらえるのかもらえないのか私も不安です。それ

---

[3]　有権者のうち、高齢者が占める割合が高いため、高齢者の意見が過剰に政治に反映されやすい状態。
[4]　政府は「若者も高齢者も、女性も男性も、障害や難病のある方々も、一度失敗を経験した人も」「国民一人ひとりが、家庭で、個性と多様性を尊重され、地域で、職場で、それぞれの希望がかない、それぞれの能力を発揮でき、それぞれが生きがいを感じることができる」一億総活躍社会を目指している。

は多くの若者が抱いている疑問でもあると思います。

　少子高齢社会の中で年金受給額は年々減少傾向です。与党は「年金100年安心プラン[5]」によりボクたちの世代でも年金を受け取ることができるとしていますが、社会保障制度と給付において負担が給付を上回る割合が1965年生まれ世代を境に半数以上を占めるといった推計もでています。

　また世界情勢も不安定な中どこまで年金が保障されるのかわかりません。

　しかし、明らかに言えることはいま年金をもらっている人の方がボクたちよりも多くの年金を受け取ることができるということです。

　貧困や年金問題だけを見ると、若者世代に不利な状態が続いているのではないでしょうか？絶対的な票数と得票率が高い**上の世代ばかりに政策が偏り、結局ボクたちは政治家に相手にすらされていない**のではないかと思います。

　事実、GDP比での計算がされた教育への公的支出割合はOECD加盟国の中で最下位が続きました。

　一方で、財政を理由に若者への公的支出を躊躇していた

---

[5]　①保険料は18.3％を上限に2017年まで段階的に引き上げ、それ以上保険料が上がらないようにした。②もらえる年金はモデル世帯で現役世代の手取り収入の50％を確保。

政府は、65歳以上のうち住民税が非課税の高齢者約1100万人に対して3万円を給付しました。このようにボクたちは圧倒的に世代間において不利益を被っています。

たしかに、教科書無償配布や給付型奨学金の創設など昔に比べれば若者への公的支出も増えてきています。しかし、世界各国、とくに先進諸国と比べるとまだまだ満足できるレベルにあるとはいえません。

ヨーロッパでも若者政策をリードしているスウェーデンでは、いまからちょうど30年前の1986年に若者政策担当大臣[6]が設置され、その後青年事業庁[7]を発足するなど、様々な若者政策を重要なものとして、国を挙げて取り組んできました。

1986年の日本といえばミニスカートが流行し、芸能界ではおニャン子クラブのブーム真っただなか。

政治では男女雇用機会均等法が施行され、いよいよジェンダー問題に手を付け始めていた年です。

同じ30年前でも、スウェーデンではすでに若者対策が進められており、日本ではいかに遅かったかがわかります。

---

[6] スウェーデンでは1986年に若者政策担当大臣が設置された。
[7] 1994年に設置。スウェーデンでは、若者が社会的な意思決定に対して実質的な影響力を有すること、幸福に対する実質的なアクセスを若者に保障することが若者政策の目標に掲げられている。

なぜスウェーデンやEUなどの諸外国では若者政策が進んだのでしょうか。

　それは国の持続可能性を考えたときに、**若者が経済的に労働力としての資源であり、社会を支えるためには若者がとくに大事**だという認識が広がったからだと思います。

　スウェーデンの若者は1960年代から今日まで、ほぼ70％の投票率を維持しています。

　社会にとって若者が大事だ、そういった認識を広めるためにも投票は大きな意味を持つのです。

　2016年の日本では240万人の新有権者を意識して各政党が若者向けの政策を発表したり、積極的に交流したりしています。

　それはある意味、政治家たちが今回の選挙でボクたち若者を見捨てることはリスクだと考えているからでしょう。

　しかし、初の18歳選挙で若者の投票率が低ければ各政党が若者に目を向けることは今後なくなってしまうかもしれません。

　未来の若者有権者の主権を守るためにも、ボクたちの投票には重い責任があります。

ボクらは政治に興味がないんじゃなくて、期待してないんだけど？

———

　「最近の若者は政治に関心がない」「最近の若者はけしからん」よく巷で聞こえてくる会話です。しかし本当にけしからんのは、最近の若者だけでしょうか？

　さかのぼれば、なんと古代エジプト時代（5000年前!?）から「最近の若者はけしからん」と言われていたようです。
　日本でも平安時代にはすでに「最近の若者は〜」と言われていたようです。もしかするともっと昔からかもしれません。
　本当に「最近の若者」が政治に関心がなくて、けしからんのか、根拠なんてありません。

　逆に、若者を対象とした内閣府による最近の調査では面

白いデータが出ました。

2015年に「社会のために役立ちたい」と答えた20代は67.2％、2006年の結果50.3％から大きく前進しました。また、日本労働組合総連合会が若者1000人を対象に「投票に行きたいか」調査をしたところ7割以上の若者が投票に行くと答えました。

実は多くの若者が社会問題を意識しており、活動もしていることがわかってきています。

ただし、一方で投票率は歴史的に最低水準を推移しており、社会問題への関心が必ずしも選挙での投票行動には結びついていません。この状況を単純に若者の政治離れとみなしてもよいのでしょうか？

ここでは、「政治に興味がないのではなく期待していない」という、ボクらのホンネを語りたいと思います。

2009年、「コンクリートから人へ」とスローガンを掲げ長く続いた自民党政権から民主党への政権交代が行われました。

実はこの選挙、日本の選挙史上、政党名の得票としては過去最高を記録しました。

平成21年に行われた衆議院選挙の投票率[8]は、全ての

---

[8] 前章（16ページ）のグラフ参照。

世代でその前の選挙である平成17年衆議院選挙の投票率を上回りました。

　平成17年の選挙は「郵政選挙」と言われこの選挙も前の選挙である平成15年の選挙よりおよそ8ポイント投票率が高くなっています。

　投票率が高くなるのは郵政選挙に政権交代、政治になにかが変わるのではないかという期待や関心が高まったときです。

　しかし平成24年の選挙は平成21年から10ポイントも投票率が下落しました。東日本大震災後はじめての選挙にも関わらず、です。

　これは民主党に投票し、政権は交代したが期待していた政治からは程遠かった、そういう印象を政治が国民に与えてしまったからではないでしょうか。

　また、民主党政権に代わる少し前の自民党政権時代から国民の代表である内閣総理大臣が次々に代わったことをはじめ、汚職問題やスキャンダル、マニフェストの不実行など、**政治が国民の信頼を裏切ってきたことも期待できなくなった要因になっている**はずです。

　どの政党でも一票一票の重みを真剣に受け止め、国民の代表として仕事を全うしていれば、政治不信を招くこともなかったと思います。

　すべての政治家が悪いわけではなく、しっかり仕事を全

うしている政治家もいるなかで、一部の国会議員のスキャンダルが報じられるだけで、政治そのもののイメージを悪くしてしまうことに政治に関わる人が気づいていないことは問題です。

　これは企業やブランドイメージを守ろうと努力している民間の世界とはかけ離れています。民間ではイメージだけで会社がつぶれてしまうほどのリスクを背負っています。それはお客様がいての会社だと、経営者が認識しているからでしょう。

　民間を見習い、政治不信をまねいたことについて、政治側がしっかりと反省しなくてはいけないと強く思います。

　また、有権者側も政治と金の問題を起こした議員を再選させないなど、**投票行動で不正を許さない姿勢を示さなくてはいけない**と思います。

　有権者といっても組織票などがあり、一概に「国民の声」とは言いづらい点もあります。

　しかし、浮動票・無党派層の票[9]がどこに行っているのかを見ると全体的に関心がどこに向いているのかがわかります。

　民主党への政権交代のときは無党派層の支持が民主党に動きました。

---

[9] 選挙のあるごとに投票する政党や候補者を有権者が変える未確定な票が浮動票であり、そのように特定の政党を支持しない人々を無党派層という。

同じように、いまの大阪では無党派層がおおさか維新の会に流れていると見るのが自然でしょう。

　大阪市長選挙では平成7年に投票率28.45％を記録するなど、投票率の低下が問題視されていましたが、橋下徹氏の登場により大きく変化、2011年の大阪市長選挙の投票率は60.92％まで回復しました。

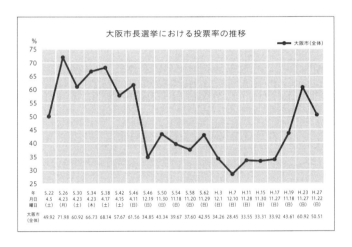

　これは1971年春の選挙以降50％以上の投票率を記録していなかった大阪市長選挙では良い意味で衝撃的な結果となりました。

　2015年には50.51％まで低下したものの、既得権益に挑戦する新しいタイプの政党、候補者が登場し、選挙を盛り上げ、投票率が向上しています。

また大阪都構想の是非を問う住民投票は大阪市議選や市長選より投票率が高く、市議選と比べると住民投票での20代投票率が約20％も上がりました。
　選挙への参加は政治への関心ではなく、「政治に期待」できるかどうかが重要だと考えられます。

　政治に期待できるかどうかについてひとつの柱となるのが、公約や重点政策との兼ね合いではないでしょうか。
　いま、ボクたちが政治に期待したいことは、財政再建、行政改革など政治家自身が身を切る改革や、ボクたちの生活に直結する課題のはずです。税金の無駄遣い等もその部類に入るでしょう。
　2012年の衆議院選挙で各政党は原発・TPPなどを争点にしていました。しかし、ネガティブな雰囲気をつくるよりも身近な政策を前面に押し出し、ポジティブに代替案などを示しながら選挙に挑んだ方が投票率も上がっていくと思います。
　もちろん原発やTPPの問題も身近な問題ではあるのですが、私たちの投票行動によって変わるという期待を感じることができないトピックだったと思います。
　高校生や大学生にとって身近なものといえば、大学の学費や給付型奨学金、就職に関すること、そして年金・社会保障や世代間格差の問題です。

それから、もうひとつの問題としては、説教くさい大人たちが、若者が政治に関わることを面倒くさくしているように思えてなりません。

　例えば私が所属する日本若者協議会で与野党の国会議員と政策協議をした後、何個政策を受け入れたのかという事実を話していたときに様々な、非論理的なことを言われました。「富樫君は自民党、公明党に騙されている！」と言う方、「そのやり方じゃダメだ！戦え」と言う方、「富樫は自民党の青年局だ」「富樫は公明党の手先だ」「俺は昔からの経験でわかるんだ、お前ら若いのにはわからない」みたいな……。

　もちろん日常生活においてこのように感情的かつ一方的なことを言う方は少ないでしょう。しかし、政治に関する話になると、昔なにかの闘争で頑張ったことを誇りに思っている活動家の方々にそういうことを言う人が多いように思います。

　そしてそういう人たちに限って、シンポジウムや講演会にきては質問と言いながらトピックとは全く関係ない持論を長ったらしく展開し、結果的になにを言いたいのかわけがわからなくなってしまう方が多いと強く感じています。

　ボクたち若者にとって、闘争だのなんだのというのは正直どうでもいいし、今の時代には合わないでしょう。

「民主主義が〜民主主義が〜」と言っているなら、彼らこそボクたちの声を尊重すべきではないかと思います。

18歳選挙権には賛成したのに、2014年に18歳へ投票年齢を引き下げる改正国民投票法が成立したとき、なぜか反対したのは日本共産党と社民党でした。民主主義の根幹はインクルーシブ（包括的、非排他的）ではなかったのでしょうか。

揚げ足を取り合っているだけの政治は見たくないし、それこそ税金の無駄遣い。

社会問題や政治に関心があるからこそ、期待しては絶望し、一部の大人からはわけのわからないことを言われ、若者が投票や政治から離れてしまったように感じます。

政治家に頼らないでボクらで町づくりを進めよう！と企業として取り組むところまであります。

もちろん、すでに多くの政治家がひとりひとり政治に信頼を取り戻す努力をされています。しかし、与野党を超え、日頃の活動はもちろん、公約の実現、建設的な議論、発信などで若者からの信頼を高めて欲しいと思います。

また、選挙では組織票に組み込まれるのではなく、若者と大人がそれぞれの考えで政治家を選び、世代を超えて投票率の向上を目指していかなくてはいけないと思います。

投票率を上げるのは大事です。しかし、投票率だけを見て昔に比べ若者は政治や社会問題に無関心だと言われたくはありません。

3

第1部　ボクらがホンネで分からない政治のこと

ボクらが生まれたころから、政治で何か変わったの？

———

「結局、政治家って何をしてくれてるの？」そう思っている方も多いと思います。

では、ボクたちが小学校や中学校で使っているほとんどの教科書がなぜ無料なのか、ご存知でしょうか？

学校の耐震化や留学補助制度、生徒の安全確保のため登下校時に通学・通園道路の交通制限を行うゾーンなど、**ボクたちの身近なところで政治により変わったことが実は沢山あります。**

高度経済成長期やバブルも経験していないボクたちの世代。今回は1996年、私が生まれた年にさかのぼり今日までどういった変化があったのかを紹介します。

1996年、いまはあまり見なくなったルーズソックスが

流行したこの年にボクらは生まれました。

　ボクらが生まれた年は、いまほとんどの人があたりまえのように使っている携帯電話の普及率がはじめて10％以上になった年です。これは1994年に携帯電話機の売り切り制が導入され、大きく値下げが行われたことがきっかけと言われています。

　制度が障害となっていたところを政治が変えていくことで、普及が図られてきたのです。経済の支えにもなる道路、2016年4月に発生した熊本地震でも重要な役割を果たした大分自動車道全通したのもこの年です。

　原爆ドーム・厳島神社が世界文化遺産登録されたのもこの年。これらはもちろん国民と政治が一緒になって実現できたことです。

　1997年4月1日、橋本龍太郎内閣[10]の下、消費税が3％から5％に引き上げられました。

　つい2年前消費税が8％に上がったばかりです。ボクらが生まれた時からおつかいにいくとき、遊びに行くとき、みんな5％で計算していたのがもはやなんだかなつかしいです。これももちろん政治による動きです。

　交通の便も1997年に大きく向上しました。私の父の実家は秋田で、新幹線で秋田に行くこともよくあります。い

---

[10]　第一次橋本内閣（平成8年1月11日〜平成8年11月7日）第二次橋本内閣（平成8年11月7日〜平成10年7月30日）。

まはおよそ4時間で結ばれていますが、それまでは大変時間がかかったそうです。

そして、東京からスキーに行くときや、夏の避暑地に行くときに重宝する長野新幹線が開業したのもこの年です。

車の便では、兵庫県神戸市から山口県下関市方面までを結ぶ山陽自動車道全通もこの年。私もついこの前、熊本での炊き出しに行くため東京から向かうときに通りました。

長いトンネル工事と、きれいなサービスエリア、景色の良いルートで連休や夏休みは大賑わいの東京湾アクアラインが開通したのも1997年。房総半島まであっというまに行けるようになりました。

交通の便の向上、これらも住民が要望や請願を繰り広げ、政治の力で動きました。

1998年は長野オリンピックも国民と政治が一緒になって招致し実現。明石海峡大橋開通もこの年です。

1999年、東海村で臨界事故[11]が発生しました。原子力を推し進めてきた電力会社と政治の在り方が問われました。これについてはこのとき、もっとしっかりと対策を強化していれば福島第一原子力発電所事故は起きなかったの

---

[11] 1999年9月30日、JCOの核燃料加工施設内で核燃料を加工中に、ウラン溶液が臨界状態に達し核分裂連鎖反応が発生、この状態が約20時間持続した。これにより、至近距離で中性子線を浴びた作業員3名中、2名が死亡、1名が重症となった他、667名の被曝者を出した。

にと強く思います。

11月に東名高速道路で起きた飲酒運転事故により飲酒運転に対して**もっと厳罰に取り締まるべきだという世論**が広がりました。その後政治を動かし2001年に危険運転致死傷罪が新設されました。

1999年にもうひとつ新しい法律のきっかけとなった事件があります。桶川ストーカー殺人事件[12]、これも世論を動かし、翌年施行されたストーカー規制法のきっかけとなりました。

この年の明るいニュースとしては日光東照宮をはじめとした日光の社寺が世界遺産に登録されたほか、交通の面では瀬戸内しまなみ海道開通、上信越自動車道全通があります。

2000年は徳島自動車道全通、法律では民事再生法[13]、介護保険制度[14]、地方分権一括法[15]が施行されました。これらは現代の社会問題と大きく関わっています。

---

[12] 女子大学生が元交際相手の男を中心とする犯人グループから嫌がらせ行為を受け続けた末、1999年(平成11年)10月26日に埼玉県桶川市のJR東日本高崎線桶川駅前で殺害された事件。所轄の埼玉県警上尾署が被害者と家族からの被害相談を極めてずさんに扱っていたことが明らかとなり、警察不祥事としても注目され、警察から3人の懲戒免職者を含む15人の処分者を出した。

[13] 経済的に窮境にある債務者の事業または経済生活の再生を目的とする法律。適用された法人は一般人における自己破産となる。使い勝手のよい再建型倒産法制の構築を目指した。

[14] 40歳になると、被保険者として介護保険に加入し、65歳以上になってから、市区町村(保険者)が実施する要介護認定において介護が必要と認定された場合、いつでもサービスを受けることができる制度。また、40歳から64歳までに介護保険の対象となる特定疾病により介護が必要と認定された場合も介護サービスを受けることができる。

2001年は国内ではじめて牛海綿状脳症（狂牛病）が確認され出荷牛の全頭検査が行われ、2003年には牛肉輸入が差し止められました。これらは後に吉野家が牛丼販売中止するなど、様々なところに影響がでました。

　2002年には北朝鮮の拉致被害者5人が帰国することが外交力によりできました。

　2003年にイラク戦争が勃発。外交上の新たな問題となり、2004年の復興業務における自衛隊派遣など国内外で日本の介入について深い議論が行われました。沖縄都市モノレール、高松自動車道全通、SARSの世界的流行、振り込め詐欺横行もこの年です。

　そして2005年、電車の脱線事故が相次ぎ、耐震偽装問題の発覚など安全管理についての関心が高まりました。建築基準法改正案が本会議で可決され、民間の指定確認検査機関を創設し、対象が広がり民間機関も検査できるような体制となりました。中部国際空港開港もこの年です。

---

[15]　正式には「地方分権の推進を図るための関係法律の整備等に関する法律」。1999年（平成11年）7月16日公布（平成11年法律第87号）。1998年5月に閣議決定された地方分権推進計画を実施に移すため、地方自治法をはじめとする475件の法律の改正を行う法律。

2006年は日本海上に北朝鮮の弾道ミサイルが着弾し外交にさらなる亀裂が入りました。

3人の子どもが犠牲となった福岡・海の中道大橋飲酒運転事故は危険運転致死傷罪におけるひき逃げを許さないようにするきっかけとなり、飲酒運転とひき逃げの罰則が2007年道路交通法改正で強化されました。

2007年はここ最近の政治実績として大きな郵政民営化が行われました。これは郵政事業を国の運営から民間企業へと民営化するもので、与党内でも大きな混乱が起きていました。郵政民営化関連法案[16]は2005年の衆議院本会議で可決されましたが、このときの票差はたった5票。その後の参議院本会議では否決されてしまうなど、党の党議拘束に反し多くの自民党議員が反対に回りました。このときの小泉総理は民営化の賛否を国民に問うとして「郵政解散」、衆議院を解散しました。

自民党の議員は新党を結成したり、無所属で立候補したりするなど政治の派閥争いが深刻化しました。

結果的に特別国会で郵政民営化の関連法案が可決、成立しました。賛否両論ありますが、これにより郵便局も税金を払うようになったり、いままでは国営のためしばりがあ

---

[16] 郵政民営化に関する施策についての基本方針と民営化に伴って設立した日本郵政株式会社、郵便事業株式会社、郵便局株式会社、独立行政法人郵便貯金・簡易生命保険管理機構の、民営化移行期間中と民営化後の各会社の公社からの業務の承継や特例等に関して定めた法律。この法律により、日本郵政公社は2007年10月1日に解散した。

った預貯金を投資、融資に使えるようになったり、JRと同じようにサービスが問われるようになりました。

2007年は第一回東京マラソンが開催された年でもあります。いままでNPOや民間企業、財団などが東京マラソンをやりたいと活動を行ってきたものを石原都知事、東京都庁の主導的協力で開催へと至りました。

新潟県中越沖地震、能登半島地震の対応、食品偽装において政府の対応が重要なものとなりました。

2008年は冷凍餃子に異物が混入する事件が続発し、食の安全性について国も動き出しました。

秋葉原通り魔事件をきっかけに犯罪予告の書き込みを厳正に取り締まるなど対応を強化し、銃刀法も「刃渡り5.5cmの剣が原則所持禁止」と改正されました。また監視カメラの設置運営も後にはじまりました。

2008年、世界を震撼させたリーマン・ブラザーズ破綻をきっかけとしたリーマン・ショック[17]。

景気悪化に対し、日本銀行が2兆5000億円の資金を供給する緊急公開市場操作を実施、政策金利を0.2%下げ年0.1%程度にするなどの経済対策が行われました。

---

[17] リーマンの破綻後、対米の大手金融機関が連鎖的に経営危機に陥るなど、金融不安が深刻化する。金融市場のマヒを防ぐため、各国政府は相次いで税金を投じて銀行に資本注入や損失補償を行い「金融機関の公的管理」に踏み切ったが、危機は実体経済に波及した。

北海道・洞爺湖サミットでは中国、日本の地位関係など政治の力が試されました。

　財政の再建などを中心とした大阪府知事選では橋下徹候補が当選、得票率54％、そのうち無党派層の半分以上が橋下氏に投票したとされ、大きな期待を集め話題を呼びました。

　2009年は衆議院選挙で民主党が圧勝し政権交代がなされた年です。税金の無駄遣いをただすとして事業仕分けが行われたほか、年金問題に切り込みが入りました。

　その後、年金記録については約1300万人分、1.6兆円を回復済みにしました。国民が裁判員として刑事裁判に参加する裁判員制度施行もこの年です。

　2010年は宮崎で家畜伝染病「口蹄疫」被害が広がり、政府が対応に回ったほか、尖閣諸島において中国漁船が巡視船に衝突した事件では外交が問われました。

　交通の便では羽田新国際ターミナル開業と東北新幹線全通と国内・国際共に大きく利便性が向上しました。

　2011年は東日本大震災が発生。その前後で北関東自動車道全通、九州新幹線全通もありましたが、これらが話題になることはあまりなく、オール日本で復旧、復興に向けて力を合わせた年でした。

ここでは東日本大震災に関連する平成24年に成立した議員立法、議員修正の一部を衆議院のホームページから引用し箇条書きで説明します。【http://www.shugiin.go.jp/internet/itdb_annai.nsf/html/statics/housei/html/h-seiritsu24.html】

1. 国家公務員の給与の改定及び臨時特例に関する法律（法律第2号）
   国家公務員の給与を2年間削減し東日本大震災及び厳しい財政状況に対処。
2. 東日本大震災の被災者に対する援助のための日本司法支援センターの業務の特例に関する法律（法律第6号）
   東日本大震災の被災者が裁判その他の法による紛争の解決のための手続及び弁護士等のサービスを円滑に利用することができるよう、日本司法支援センター（法テラス）の業務の特例を定めるもの
3. 特殊土壌地帯災害防除及び振興臨時措置法の一部を改正する法律（法律第7号）
   特殊土壌地帯災害防除及び振興臨時措置法の有効期限を5年延長し、平成29年3月31日までとするもの
4. 国会議員の歳費及び期末手当の臨時特例に関する法律（法律第29号）

我が国の厳しい財政状況及び東日本大震災に対処するため、**国会議員の受ける歳費及び期末手当を2年間12.88％減額する特例を設けるもの**
5. 原子力規制委員会設置法（法律第47号）
原子力の「規制と利用の分離」を徹底し、規制に関する施策の策定及び実施に関する事務を一元的につかさどる機関として、独立性が高い原子力規制委員会を設置するもの
6. 福島復興再生特別措置法案（第180回国会提出閣法第23号）に対する修正
福島の復興及び再生が、これまで原子力政策を推進してきたことに伴う国の社会的責任を踏まえて行われるべきものであるとの目的の修正、福島の復興及び再生に関する施策の推進のために必要な措置の新設等を行った

このほかにも、高速道路の東日本大震災に伴う東北地方の無料措置や災害弔慰金支給法改正など多くの政治によるサポートが行われました。

2012年に自民党への政権交代が行われ短い民主党政権は幕を閉じました。

自民党政権に戻ってから今日までにマイナンバー制度、特定秘密保護法や安全保障関連法の施行、北陸・北海道新

幹線の開通、ドローンが話題になり航空法が改正されるなど様々なことが政治によって変わっています。

　普段、政治を意識することはあまりないかもしれません。しかし、少し振り返るだけでも、どれだけ政治がボクらの生活に関わっているかわかると思います。
　だから、**これからのボクらの生活も政治によって大きく変わっていく**ことを意識する必要があるのです。

③ ボクらが生まれたころから、政治で何か変わったの？

4

それでも全国で様々な活動をしているボクらのホンネ

―――――

　いまボクらの多くが様々な社会問題の解決のために立ち上がっていることをご存知でしょうか？

　18歳選挙権の導入と共に議論に上がることの多い「**政治活動**」も**昔といまとでは全く違うもの**になっています。安保闘争[18]の時代など、いままでの政治活動はデモや危ないことで、一般の人たちが参加することではないといったイメージがありました。
　いまでもデモを通じて活動をしているところもあります。

---

[18] 1959年（昭和34年）から1960年（昭和35年）、1970年（昭和45年）の2度にわたり日本で展開された日米安全保障条約（安保条約）に反対する国会議員、労働者や学生、市民および批准そのものに反対する国内左翼勢力が参加した日本史上で空前の規模の反政府、反米運動とそれに伴う政治闘争、傷害、放火、器物損壊などを伴う大規模暴動。

しかし最近の若者が行っている政治活動は対話や地域からのコツコツとした活動にシフトされはじめています。

　各政党に政策提言を行っていく学生グループや、政治家へのインターンシップ紹介団体、居酒屋などフランクな場で政治家と話ができるようなイベントをするところもあれば、超党派でのシンポジウムを開いたり、投票率の向上や政治関心の向上を目指した活動をしたり、なかには様々な政治家と一緒にゴミ拾いを行う団体もあります。

　ボクらの身近なところから与野党を超えて多くの取り組みがなされています。また、愛知県新城市の若者議会[19]や、多くの地方自治体で取り入れられているこども議会[20]の導入など、ボクたちだけでなく、**政治側からも若者が政治参加できるような場づくり**が積極的に行われています。

　ところで、学生団体という言葉が使われ始めたのも実は最近です。学生が大学内や他大学とともに、国際協力や環境保護活動、地域振興など多種多様な社会問題へのアプローチをしています。東日本大震災後は東北復興に向けた

---

[19] 愛知県新城市では、若者が、自分たちをとりまく様々な問題を考え、話し合うとともに、若者の力を活かすまちづくり政策を検討し市長に答申する「若者議会」を開催している。
[20] 小学校等の児童や中学校、高等学校等の生徒を対象にして行われる地方公共団体の模擬議会。議会・行政の意義やしくみを理解してもらうことを目的に、まちづくりや教育行政など児童生徒に身近なテーマについて一般質問形式で首長や教育委員会に質問・提案するといった形が多く見られる。

様々な団体が誕生しました。

　ここでは**実際に現場で活動している若者の声と現場で何が求められ、何が障害となっているのか**を、4つの活動を通して紹介していきます。

　まずは町づくりについてです。
　2011年3月11日、東日本大震災による地震と津波で甚大な被害を受けた宮城県名取市閖上。
　ここで津波を経験した中学生がCWPJ[21]のメンバーとなり、ボクたちと共に仙台・名取支部を立ち上げました。
　震災から1年が経とうとしていた2012年の3月、活動の一環として地元の建築家の方々と閖上の中学生、高校生と共に閖上復興こども会議を設立しました。
　そこでは、閖上の復興・町づくりについて自らアンケートをし、それらを基にどういう町に住みたいのかを議論しました。
　あくまでも、地元の方々が中心となり、市への提言を目指すことが大切です。ボクら団体は表に出すぎないように活動をしてきました。

　なぜボクたちが活動をはじめたのか。それは復興という中長期的な計画のなかで**将来そこに住むことになる子ども**

---

[21] 国際ボランティアネットワーク「Club World Peace Japan」の略。「日本から世界にPeaceを広めていきたい」という目標のもと、全国でボランティア活動をしている。

たちや、若者の意見が全くと言ってもいいほど反映されていないことに危機感を覚えたからです。

　また、市としても合意形成や街づくりの遅れが深刻な問題でした。そんななか、若者が動き出すことで市内に良い風を吹かせることができないか、そういう思いもありました。

　しかし、子どもたちが主体とならなくてはいけないこども会議ですら周りの大人が恣意的ではなくても意思決定の流れをつくるような介入をしてしまいました。また、仮設住宅や自力再建、進学などの事情で、車もお金もないボクたちには一緒に集まることそのものが難しいものとなってしまいました。

　調査費用などもすべてボクたちと、ご協力をしてくださる方々の自腹です。そのため、どうしても思う通りに活動はできませんでした。

　結果として、復興の遅れや計画そのものの不透明さなど、住民と市の町づくり計画をめぐる溝は埋まらず、復興計画をめぐりアンケート調査が実施されるたび閖上地区に戻ると答える住民は減り続けました。

　最終的に、もともと5600人暮らしていた土地に、1000人も戻らないという結果が出てしまいました。

　もしあのとき、**大人だけでなく子どもたちや若者の意見**

を行政主導でしっかりと復興政策に反映させる仕組みづくりをしていれば、といら立ちを隠せません。

　復興に限らず、町づくりは未来にそこに住む人の意見を反映させなければ人口流出を招くという、ひとつの大きな教訓です。

　2つ目は子どもの教育についての活動です。

　最近、「こども食堂」という言葉が使われはじめました。

　こども食堂とは、無料で子どもたちに食事と食事の場を提供しているところです。

　17歳以下の6人に1人が貧困状態に陥っているといわれているなか、子どもたちの居場所づくりだけでなく、大人もお金を払えば一緒にご飯を食べることができます。

　ひとりではなくみんなでご飯を食べることができる地域の長屋のようなところです。

　私もこども食堂を訪ねたことがあります。その日は「ワンコイン寺子屋」として健康や家庭の事情などで塾に通えないという子どもたちが勉強しに訪れていました。

　地元の大人がボランティアで協力し先生となり、数学から国語、英語まで子どもたちの宿題を手伝ったり勉強を教えたりしています。なかには受験勉強に励む中学生もいました。

　勉強1時間、カードゲーム1時間といったように自由に

利用することができ、不登校や特別支援学級の子どもたちなどが活き活きする場所となっています。

しかし、東京都内だけでもこども食堂は20か所弱。全国での広がりはまだまだです。NPOや地元の方々だけでの頑張りでは限界があります。

国の将来を担う子どもたちは宝です。

勉強をしたいという子どもたちを支えられるような仕組みを行政も一緒になり国を挙げて取り組んでいけたらと思います。

3つ目は農業についての活動です。

東京の山間部に10代から30代の若者たちが「農」を通じて町づくりを行う会社を立ち上げました。

農育や人材育成にも取り組み「農業を生活の身近な存在にして、町の活性化の一つの手段として位置付ける」ため、行政や教育機関、NPOや民間企業と連携し地域の住民を巻き込んだ活動をしています。

さらに、畑や牧場運営だけでなく、農業体験事業や畑の倉庫でお酒を飲む会を開くなど、積極的に地域に開いた場所づくりが行われています。

このように、農業における後継者不足や過疎化の問題に自ら行動する若者は東京だけでなく、日本全国で増え続け、UIJターン[22]という言葉も流行りつつあります。

しかし、農業ではそれぞれの地域ルールや文化、近隣農地との兼ね合いなどから、いくら耕作放棄地があり、人手不足があっても、すぐに新規就農者に渡すことは難しいというのが現実です。

「地方で農業をがんばりたい！」という若者がいても実際にすぐ動き出すことができない金銭的な問題もあります。

新規就農支援には政府も取り組みをはじめました。しかしたとえお金の問題が解決しても、縁もゆかりもないところでどう畑や田んぼを借りたらいいのか右も左もわからない若者が大勢います。

これらの事情も**当事者である若者が地域の政治決定の場に入ることでわかり、そして変えられる**はずです。

最後に同級生で保育園を経営している知り合いの活動を紹介します。

彼が保育園の経営を始めたきっかけは留学先で見た保育園に感動し、待機児童問題を抱える日本でそれを実現したいと思ったことです。

---

[22] 大都市圏の居住者が地方に移住する動きの総称のこと。Uターンは出身地に戻る形態、Jターンは出身地の近くの地方都市に移住する形態、Iターンは出身地以外の地方へ移住する形態を指す。

広い庭を持ち、活き活きとした子どもたちの声が聞こえる保育園は、どこか都心から離れたところにある場所ではないかと想像してしまいます。
　しかし、彼が留学先でその光景を目にしたのは、都心の高層ビル1Fでした。
　これを日本でも真似したい！彼の母親が保育士であったことも背中を押し、派遣の仕事でお金を溜め、いよいよ2015年から保育園を立ち上げました。

　しかし、それまでの道のりはけわしいものでした。
待機児童問題を抱える日本においても、保育園の新規参入障壁は高く、また彼自身も若いので、どこに行っても年齢を理由に門前払いされたり、融資を受けるのも大変だったりと、なかなか実現にいたらなかったそうです。
　それでも今は80人以上の子どもたちをあずかる保育園に成長しました。
　彼は**「もっと早い段階で補助や融資などをうけることができていたらよかったのに」**と言います。保育園を開設するとき、行政や議会など様々なところを周ったのですが、どこも非協力的だったということです。
　今でも、日本での保育園が「認可保育所」となるためには3年以上の実績が必要です。
　ドイツは待機児童0宣言を行い保育園の設立や認可の基準を緩和しています。

日本もいよいよ動き出さなくてはなりません。このような問題も、様々なことを吸収しやすく、実際にこれから子育ての当事者となる若者が、政治の意思決定の場にいることで改善されやすくなるはずです。

　このように若者から立ち上がって問題を解決しようとする動きがある一方、やはり国や自治体と一丸となるまでには課題が多くあります。
　一部の若者に任せるだけでなく、**ボクらがみんなで政治に参加していくことで、他の世代を巻き込んでいかなければならない**と思います。

5

第1部　ボクらがホンネで分からない政治のこと

世界の若者から、日本のボクらはどう見える？

「日本の若者が大変だということは分かったけど、それってどこでも同じなんじゃないの？」とここまで読んだ方の中には疑問に思う人もいると思います。

私は高校2年生（ジュニア）と3年生（シニア）をアメリカ合衆国ワシントン州のシアトルで過ごし、アメリカの高校を卒業しました。

アメリカに行く前「なぜ国際協力でも地域振興でも分野を問わず一緒に活動をしている仲間には帰国生徒の割合が多いのか」疑問に思っていました。

その謎が解けたのはシアトルの現地校に入学してすぐのことです。学年全員が集まる集会で「コミュニティーサービス」という、意味はなんとなくわかるが初めて聞く単語

がでてきました。日本語に直訳すると地域奉仕ということになりますが、本来は自由にそれぞれが興味のある分野でボランティアやインターンなどをすることを指します。

　アメリカでは「コミュニティーサービス」が持つ意味は重いのです。日本では考えられないかもしれませんが、**アメリカの学校によっては一定時間のボランティア活動をしないと高校を卒業することすらできません**。ちなみに私の学校ではジュニアで30時間以上のボランティアで進学、シニアでは40時間以上のボランティアが卒業のための必須条件になっていました。
　なんだか強制的にボランティアさせられているように思えるかもしれません。しかしボランティアといっても日本で想像するようなものと違い、自発性が高く独創性が豊かでドキュメンタリーを撮ったり、好きなダンスを地域で教えたり、水族館にインターンしたりそれぞれが得意な分野で、もしくは将来のためにと社会に貢献していました。
　授業のなかでも、身近な社会問題について学ぶ機会が多く、また日本のようにいつどこでなにが起きたかを暗記するよりも、どうして戦争が起きたかといったWHY?の部分を考え、テストで書くことが求められます。
　私が一番面白いなと感じた期末テストの問題は「あなたが第二次世界大戦のとき、アメリカ大統領だったとします。どうやって平和を取り戻すか」というものでした。

アメリカではただ覚えるだけでなく考えることを養う教育が行われています。だからこそ、**政治に関心を持つ大切さや投票の大切さは教えられなくても自然とわかるようになるし、それが私も一番良いと思っています。**

オバマケア[23]などを巡り政府機関が停止したときなんかはどの授業でもずっとディスカッションが続いていました。相手と違う意見を持つ人がいてもそれはそれで受け入れ、あくまで人格攻撃はせず相手を尊重しながらの議論です。

2016年のアメリカは、世界を巻き込んで大統領選挙が話題になっています。

それはもちろん、アメリカが世界にある程度影響力を保持しているからという理由もあります。しかし候補者で実業家のトランプ氏[24]や、若者の味方として浮上したサンダース氏[25]など、個性豊かないわば有名人が論戦を展開させているというのも大きな理由のひとつでしょう。

---

[23] 米国のバラク・オバマ政権が推進する医療保険制度改革の通称。自由診療を基本とする米国では、保険料の支払いが困難な中・低所得者など国民の6人に1人は医療保険に加入しておらず、病状が悪化するまで医療を受けられない人も多い。こうした問題を解決するため、民間より安価な公的医療保険への加入を国民に義務付ける制度である。
[24] 不動産会社トランプ・オーガナイゼーションの会長兼社長で、カジノ・ホテル運営会社トランプ・エンターテイメント・リゾーツの設立者。アメリカのビジネスシーンでの有名人であり、メディアへの露出機会も多い。その経歴、ブランディングの努力、私生活、豊かな財産、歯に衣着せぬコメントによって、セレブリティとして知られる。
[25] バーモント州選出の上院議員。1941年生まれ。若者に圧倒的な人気をもち、30歳以下の民主党有権者には76％と圧倒的な支持を受けているといわれている。

今回とくに注目されているのは若者の支持です。それはサンダース氏だけに留まらず、各候補者の若者支持者が多くクローズアップされています。
　なぜなら若者の間におけるムーブメントこそ選挙結果を動かすことが多いからです。
　アメリカ独自の選挙システムも影響し、大統領選はおよそ1年に及びキャンペーンが繰り広げられます。しかしアメリカで行われる選挙の投票率は高くないどころか日本とほぼ変わりません。
　ここまで盛り上がりを見せているのになぜでしょうか。GDPはよく経済的視点から見た国の豊かさの指標として使われます。国が豊かだから投票率が低いのではという意見を聞きますが、GDPランキング上から10番目までの投票率を調べると必ずしも低いわけではありません。
　それどころか投票率が高いところが多く、2014年のGDP上位9か国（日本を含む、中国は特異な政治体制のため除く）で直近行われた国政選挙平均投票率は約65％。日本の第47回衆議院議員総選挙投票率52.66％と10％以上の差がついています。

　選挙が盛り上がる要因として、今年1月に台湾で行われた選挙のように、ある意味逼迫した状況が目に見えていると投票率が高くなる傾向もあるように思います。

台湾で2016年1月に行われた総統選挙。

事の発端は「サービス貿易協定[26]」によるものでした。中国と台湾が一層の市場開放を目指して調印したこの協定により若者の就職先が減るのではないか、中国の影響力が増加し言論の自由などが保障されなくなってしまうのではないかと不安が広がるなか、協定承認をめぐり台湾の与党である中国国民党が一方的に審議打ち切りをしたためです。

政府や与党が国民に不安を与えたとき、もしくは災害や紛争が起きたときには国民が選挙でNOをつきつける。民主主義が成熟した国ではこのようなことが起きるのです。

しかし日本では、2011年3月11日に発生した巨大地震と津波、予想外という言葉が繰り返され、納得のいかない復興・復旧の進捗、多くの人が不満を抱えていたはずなのに東日本大震災後の国政選挙で投票率が上がることはありませんでした。海外からは「なぜ？」と思われるのが自然でしょう。

東日本大震災後にとらわれず、世界から見る日本の政治とはどういったものなのでしょうか？

---

[26] 中国と台湾の間で調印された貿易協定。金融・通信・出版・医療・旅行など、サービス関連の市場を相互に開放し、新規参入を促すことで、経済・貿易の活性化を図ることが目的。だが、対台湾では資本力がある中国企業の進出による不安や、通信・出版分野の開放によって、言論の自由が損なわれる、と懸念する声も多い。

とある兵庫県議会議員の不祥事は世界でも有名となってしまいました。

　私がアメリカにいる間、友達や学校の先生、大人と交わした話だと政治家そのものを見ると日本もアメリカも良い政治家がいる一方で、不祥事も起きる。同じようなものだろうという意見が多くありました。

　ただ、政治について話すこと自体、日本では居酒屋などでふつう政治の話はしませんし、日常でもあまり話すことはありません。

　そこはアメリカとの大きな違いです。家や学校、バーでも**様々なところでどの世代も政治・社会問題についての話**がなされています。

　政治については、報道でも大きな違いがあります。日本だと民放でも公平公正な報道が柱となっています。しかしアメリカに限らず海外ではそれぞれのメディアごとに色がついており、国民もそれを知ったうえで見る番組を選んでいます。

　アメリカで有名なのはCNN[27]が民主党寄りで、FOXニュース[28]が共和党寄りという話です。

　アメリカでも投票率は低い。次に考えてみたいのはオー

---

[27] アメリカ合衆国のケーブルテレビ向けのニュース専門放送局。正式名称はCable News Network。
[28] アメリカ合衆国のニュース専門放送局。

ストラリアの投票率です。実は約95％と異常なまでに高いのです。

オーストラリアの選挙は、世界30か国ほどで導入されている義務投票制[29]です。しかし、投票率が高いのは義務投票制だからなのでしょうか。それとも、もとから国民の政治への関心が高かったのでしょうか。

海外から「日本の政治のここがおかしい」といわれるひとつに、**国会では事前通告による質疑応答が基本で、出来レース・茶番にしか見えない**ということがあります。

たしかにそういう面もありますが決まりきった問答ばかりではありません。しかし日本では本当の討論が目立たないのです。

先ほど紹介したオーストラリアでは事前通告無しでどの議会でも質問ができるようになっています。また時間の制約が厳しく、アグレッシブな議論を行っている様子が一般に放送されています。オーストラリアの議会運営は多くの支持を集めているそうです。

それに比べると正直、日本の議会中継は眠くなってしまいます。ジャーナリズムもそうですが、権力側、すなわち国民が良いことも悪いことも見ているよという風潮が民主

---

[29] 選挙において投票すること（または投票所へ行くこと）を有権者に対して法律上義務付ける制度。オーストラリアでは、正当な理由なく投票しなかった有権者に対する罰金は20豪ドル（1,600円程度）。

主義の成熟した諸外国にはあると思います。

　傍聴や報道、公開討論会など様々なアプローチが日本でもはじまっていますが、これらは諸外国がずいぶん昔から行ってきたことです。日本でもこういったことを浸透させていかなくてはなりません。
　やはり大事なのは、政治家が国会内でしっかり仕事をすることです。そのためにも選挙前の公開討論会だけでなく、**日頃から国民が政治を監視しているという姿勢**をボクらの側から見せていかなくてはいけないと思います。

2020年、ボクらの未来はどうなるの?

2020年東京オリンピックが開催されるこの年、私たちの生活はどうなっているのでしょうか?

総務省統計局の平成27年10月確定値の人口推計によると65歳以上の人口が0〜14歳の人口の2倍を超え、およそ3300万人となり、前年より約110万2千人増えています。

0歳から14歳の人口割合は12.7%と過去最低を記録、4人に1人が65歳以上で、8人に1人が75歳以上となりました。

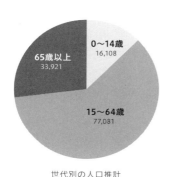

世代別の人口推計

総務省統計局 人口推計(平成27年10月)より作成

日本全体で少子高齢社会が問題となるなか、とくに地方は過酷です。私の父の出身である秋田県は、自然が豊かであきたこまちなど食べ物もおいしい素敵なところですがこの問題に悩まされています。

　人口減少率は日本一のマイナス1.26％を記録、65歳以上の人口にいたっては秋田県内総人口32.6％、75歳以上の人口は秋田県総人口の18.1％、0〜14歳が10.8％と危機的な状況となっています。

　秋田県に限らず65歳以上の人口がおよそ3人に1人の県は、高知県、山口県、和歌山県に島根県の5県。さらに**県総人口の25％を65歳以上が占める都道府県は40にものぼります。**

　日々これらの問題は深刻化しており、国立社会保障・人口問題研究所による調査報告（平成25年3月推計）によると、2040年の秋田県は65歳以上の人口割合が一番高くなり43.8％となる見通しです。

　首都圏に含まれる埼玉県と神奈川県でも問題は深刻で2040年、75歳以上の人口はなんと2010年の2倍以上になるといわれています。

　少子高齢社会のなかで心配になるのは年金や社会保障の問題です。財務省のホームページによると2000年には

社会保障給付費[30]が78兆円だったのに対し2025年には141兆円にも広がると推測されています。1973年に老人医療費無料化等がはじまってから医療費の支出も少子高齢社会の中で増え続けています。

そして2015年の社会保障給付費合計は116兆円。これは1990年の47兆円から二回り以上も大きい金額となっています。

社会保障給付費のうちの医療費負担は2006年には28兆円でしたが、2015年には37兆円にも膨れあがっています。

国民所得が461兆円で、国の2015年度当初予算がおよそ96兆円。社会保険料収入は横ばいのため差額を国や地方自治体の税金と借金で負担をしているのです。社会保障給付費の2015年度国庫負担はおよそ31兆円、2015年だけでも国家予算の内3分の1が社会保障分野に出されていることになります。ここまで大きい支出を知ると本当に私たちの未来は大丈夫なのか不安になります。

どうして高齢者に向けた政策が占める税金支出の割合がここまで高く、若者に対しては少ないのでしょうか。給付型奨学金[31]や被選挙権の引き下げ[32]など若者向け政策

---

[30] 各種社会保障に対して支出される費用の総称。日本の社会保障制度は基本的には社会保険を中心として公的扶助、社会福祉、公衆衛生および医療がこれを補完する仕組みになっている。

もやっとスタートラインに立ったところです。

しかし高齢者には3万円を配る[33]ことができるのに、どうして若者向け政策を実行するのに時間がかかっているのでしょうか。

それは先ほど出した高齢者人口の多さに加え、彼らの選挙における投票率の高さやロビング活動[34]の多さが私たちと比べ物にならないからでしょう。あたりまえですが、政治家は選挙で当選をしなければ政治家になることはできません。投票率が高く人口も多い世代を票田として見るのは無理もなく、結果的に高齢者向け政策が若者向け政策よりも多い現状となっています。

ただ、若者の投票率低下が話題になるようになったのは最近のことではありません。

昔から若者の投票率は低く、その結果今のシルバーデモクラシーという状態ができるまでに至ったのです。ボクらとしては理不尽に思います。**ボクらがつくった結果ではなく「いままでの若者」がつくりあげてきた結果**だからです。

---

[31] 返済する必要がない奨学金。現在は大学や企業が独自に行っている。
[32] 衆議院議員は満25歳以上、参議院議員は満30歳以上など選挙権に比べ被選挙権は高くなっている。
[33] 年金生活者等支援臨時福祉給付金のこと。65歳以上の高齢者世帯約1100万人、65歳未満であっても障害基礎年金と遺族基礎年金を受給する約150万人に3万円を支給する。
[34] ロビー活動ともいう。個人や団体が政治的影響を及ぼすことを目的として行う私的活動のこと。陳情・圧力・献金など多様な活動を行う。1869〜77年に活動したユリシーズ・S・グラント米大統領の時代、ホテルのロビーでくつろぐ大統領に陳述を行ったのが本格的ロビー活動の始まりと言われ、語源もこれに由来するとされる。

逆に、ボクたちが今投票率を上げていかなければ、私たちの子どもたち、その先の子どもたちはもっともっと生きにくい環境になってしまうのではないでしょうか。

　将来、子どもや孫に「お父さんお母さんが若いときに投票に行っていなかったからこんな世の中になった」と言われることだけは避けたいと思います。

　もちろん、私たちが今投票率を上げることによって私たちの世代に対する政策、世代間格差是正も進むでしょう。投票に行くことはその選挙で候補者が当選する、しない以上に大切なことです。

　若者の投票率が低かったゆえに悔しい思いをした住民投票があります。大阪都構想をめぐる住民投票です。大阪都構想に関する是非はおいておき、ここでは若者の投票率が高かったらどうなっていたのかを整理します。

　2015年5月17日に投開票が行われた大阪都構想をめぐる住民投票。投票率は66.83%におよび、賛成と反対の得票数の差はわずか総得票中の0.8%でした。およそ210万人の当日有権者数に対し、票の差はわずか1万票となります。

　朝日新聞・ABC出口調査、およびかんさい情報ネットten.｜読売テレビの出口調査ではいずれも賛成は20〜30

代にとりわけ多く、反対は70歳以上に多かったと結果がでています。

70代の投票率が78.53％に対し20代が45.18％、30代は60.93％でした。

20代30代の当日有権者数はおよそ63万人。それに対し20代30代の総投票数はおよそ34万人でした。出口調査を参考に20代、30代の6割は賛成だったとすると、単純計算で投票をしなかった20代30代のおよそ6人に1人が投票に行っただけでも結果は逆転していたことになります。

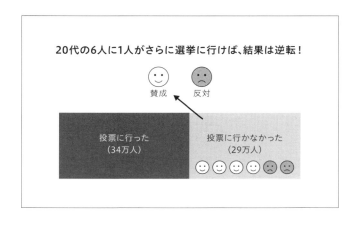

若者が賛成している課題についても、若者の投票率の低さが原因となり、惜しいところで否決されるということが起きてしまいました。

私たちが投票に行くことは実はめちゃくちゃ影響力があ

り、大事なことなのです。

　いま日本では世代間格差が話題になっています。そのなかでも子ども、若者の貧困がとくに問題になっています。さらに2020年問題、2030年問題[35]などこれから先にも様々な問題が山積になっています。

　選挙でのひとり一票は小さいように見えるかもしれません。しかし、**一票の裏には投票権をもたない子どもたちの沢山の想いや願いがあります。**

　投票に行くことと、若者それぞれができる範囲で少しずつ政治家と関わっていくこと。

　若者の壁を超え前世代と対話をもって私たちの未来、次の世代に良い環境をつくっていきましょう。

---

[35] 団塊世代の高齢化と多死時代の到来、ロボットや機械、グローバル人材により失業者が増える、不動産の資産価値が無くなる、人口減がさらに進む、IT技術者の不足など。

第2部

若者政策討議会
〜ボクらのホンネを聞いてください〜

第1部では、いまのボクたちが置かれている状況を様々な角度からご紹介してきました。
　この第2部では、それをふまえ各政党が若者政策についてどのように考えているのか、明らかにしていきたいと思います。

　2016年3月22日、18歳選挙を目前に控えた今の若者のキボウを、現役の国会議員にぶつける**「若者政策討議会」**を開催しました。

　キボウとしてぶつけたのは、**「若者政策草案」**です。
　いままで日本若者協議会代表理事として、またClub World Peace Japanの理事長として全国で多くの10代と活動を共にし、生の声を聞いてきた私が、これから**ボクらに必要なこと、ボクらが政治に求めていきたいこと**を考えました。
　今回、ボクたち若者が直面している課題として**①教育支援、②年金・社会保障、③若者担当大臣・省庁またはこれらに代わる部局の設置**という3つの主題に絞りました。

　当日は時間の都合上、各議員の方から意見をもらうのみでしたが、今回の書籍化にあたり私の心の声を加えています。各政党の議員の方から直接話を聞いているように読んでいただけるとありがたいです。

登壇議員紹介

　今回、若者政策討議会に参加してくださったのは、以下6人の国会議員の方です。

自由民主党　牧原秀樹 議員
青年局長。青年局では、18歳選挙権対策部を設け、若者との交流を積極的に図っている。

民主党（当時）　福島伸享 議員
政治倫理の確立及び公職選挙法改正に関する特別委員会で18歳選挙権の導入について審議。

公明党　中野洋昌 議員
学生局長。参議院選挙のマニフェストにも、若者を応援する政策を入れるべく活動している。

維新の党（当時）　落合貴之 議員
青年局長。被選挙権の引き下げ、若者の政治参加について国会で質問に取り上げている。

おおさか維新の会　浦野靖人 議員
インターネット選挙解禁の法案提出者の1人。18歳の選挙年齢引き下げも当初から関わる。

日本共産党　田村智子 議員
国会では社会保障と教育の分野を担当。大学1年生のときから政治運動に関わっている。

みなさんお忙しいなか、貴重な時間を割いて若者の声を聞くためにお集まりくださいました。

　それでは早速、「若者政策草案」について各政党のみなさんから意見を聞いていきましょう！

① 教育支援

若者政策草案

教育支援

———

　日本の教育予算は、先進国でも最低レベル。
　ボクらに最も身近な教育政策を、各政党どう考えているのでしょうか?

●義務教育下におけるサポート
就学援助制度の啓発強化(教育機関・市区町村からの紹介等)

●給付型奨学金・無利子奨学金の拡充
高校・大学・大学院生の入学準備金補助。資格試験受験費用補助。留学支援。学習塾(放課後学習)支援。学業に支障がでない最低限の生活費支援。

●外国人留学生の受け入れ体制の整備

●就職教育・インターンシップ
卒業後の就職先が大学教育と結びつきにくいため企業と大学との連携強化。高校の授業のなかからインターンシップの紹介整備や、持続可能な開発のための教育実現に向け実践型教育の実施。

●保育園や幼稚園など子どもを預ける施設の利用料補助の拡充（認可基準の緩和等）

●学生バイト対策・法整備
学生アルバイトの労働条件の確保やサポート体制・対策の周知

●世界に通用する日本の大学へ
大学の世界ランキング[1]で苦戦が続く日本の大学。国際競争力を高める取り組みの支援。

---

[1] 世界大学学術ランキング（Academic Ranking of World Universities、略称：ARWU）2015によると、日本の大学のトップは東京大学で21位。次いで京都大学の26位。

若者政策草案

教育支援

自由民主党

第2部 若者政策討議会 〜ボクらのホンネを聞いてください〜

自由民主党

自由民主党　牧原秀樹

一応、政権与党でもありますので、中野さんと2人で分担し合っていきたいと思いますけれども、まず大きく言いますと教育の機会均等ということが、まず1点目の大きな視点だというふうに思います。

国民の権利ですね

自由民主党　牧原秀樹

これは子どもが家庭の貧困で教育の機会を奪われているとか、あるいは例えば子どもがいて、でも親の私も教育を受けたいんだという人もいらっしゃるので、いろんな意味での教育の機会の均等を1つ重要な視点として自民党では考えて政権をやっていると思います。

ふむふむ

自由民主党　牧原秀樹

その中で、この就学援助制度の啓発強化とかいうことも、すでに平成26年に、これは現職の総理大臣としては初めて、子どもの貧困対策を正面に掲げた大綱[2]を閣議決定しております。これに基づいて、ご家庭の事情によって教育機会を奪われるような方をなくしていく中で、調査やポータルサイトをつくろうとしており、この就学援助制度の啓発強化

① 教育支援

自由民主党

もやっています。

[2]「子供の貧困対策に関する大綱〜全ての子供たちが夢と希望を持って成長していける社会の実現を目指して〜」のこと。

> 子どもの貧困は大きな課題になってます

自由民主党　牧原秀樹

それから給付型の奨学金の話については、実はわれわれ青年局としては、これを設けるべきじゃないかという提言を（前回の若者協議会と自民党との意見交換における）富樫さんたちの提言も受けて、させていただいています。

> おぉ！それはうれしいです！

自由民主党　牧原秀樹

方向性としては公約に入れたいと思っているところですが、今日、まさに国会で、そのことが議論になりまして、まずは利子つきのものを無利子にしていく。その審査のために人が、審査体制が重要なので、それを拡充するということを今、進めているということです。

> ニュースにもなりましたね

第2部 若者政策討議会 ～ボクらのホンネを聞いてください～

自由民主党

自由民主党　牧原秀樹

それから仮に奨学金を返すとしても所得に応じた柔軟性ですね。これを高めて収入が低いのに返済だけは重いというようなことがないように収入に応じた返済が可能となるようなことをどんどん進めているということでございます。

公約が楽しみですね！

自由民主党　牧原秀樹

もう1つはレベルアップの話です。これはスーパーグローバル大学[3]やスーパーグローバルハイスクール[4]などのことを進めて、今回も法律で国立法人について、そうしたことを高めるための法案を提出させていただいております。

[3] 日本国外の大学との連携などを通じて、徹底した国際化を進めて、世界レベルの教育研究を行う「グローバル大学」を重点支援するために2014年（平成26年）に文部科学省が創設した事業であり、支援対象となる大学。全国30校程度を指定し、大学教育のグローバル化を進めて、日本の大学の国際競争力の向上を進め、グローバルな舞台で活躍できる人材を育てることを目的にしている。

[4] 高等学校等におけるグローバル・リーダー育成に資する教育を通して、生徒の社会課題に対する関心と深い教養、コミュニケーション能力、問題解決力等の国際的素養を身に付け、もって、将来、国際的に活躍できるグローバル・リーダーの育成を図ることを目的としている。約200の指定校がある。

グローバルに通用する教育が求められます

① 教育支援

自由民主党

自由民主党　牧原秀樹

また今日、実は来る前に日本に外国から来た人、60カ国ぐらいの人と今、交流をしてきたんですけど、こうしたことは従来自民党が一番力を入れていることでございまして、若者の交流を図っていくとともに留学生30万人というのを掲げておりますので、こうした体制を整えていきたい。

30万人！今はたしか21万人くらいだったな…

自由民主党　牧原秀樹

ちなみに私が、下村文部科学大臣と設定したある会議がもととなって「トビタテ！留学JAPAN[5]」というプロジェクトが生まれました。
民間からも、公的なものからも資金を集めて、どんなに収入が低くても、みんな海外に行けるようなシステムをつくりました。すでに何百人の人が審査を通っております。こうした機会を増やしていきたい。この機会に、どんどんレベルアップしてほしい。

教育の機会均等とレベルアップ、二本柱でやっていきたいと思います。

第2部 若者政策討議会 〜ボクらのホンネを聞いてください〜
自由民主党

[5] 意欲と能力ある全ての日本の若者が、海外留学に自ら一歩を踏み出す気運を醸成することを目的として、2013年10月より開始した留学促進キャンペーン。官民協働で将来世界で活躍できるグローバル人材を育成する。

> なるほど……。どちらにも力をいれてほしいですね

自由民主党　牧原秀樹

まとめ

☞ 教育の機会均等とレベルアップの二本柱

☞ 給付型奨学金を提言

☞ グローバルに通用する教育

若者政策草案

教育支援

民主党 (当時)

第2部 若者政策討議会 〜ボクらのホンネを聞いてください〜

民主党（当時）

民主党（当時） 福島伸享

私たちの政権のときに高校の授業料無償化、子ども手当あるいは小学校の35人学級……。教育政策は、みなさんに、ある程度の評価していただける方向を打ち出せたのかなと思います。
チルドレンファースト[6]ということをそのとき言っておりましたけれども、そうしたことをまさに実現できたんじゃないかなというふうに思っております。

[6] 未来を担う子どもたちに「投資」すると同時に、子どもたちの人権を「守る」という2つの観点から政策を進めること。

子ども手当…！ありましたね

民主党（当時） 福島伸享

まず政治がOECD諸国の中で、GDPに占める教育予算の割合が最低水準というレベルを脱却するという強い意志を持たなければ、私は何も始まらないと思っております。

そうなんですよね…

民主党（当時） 福島伸享

これは本当に恥ずかしいことであると思っておりまして、われわれの政権でもやった、いくつかのこと（政策）は確かに財源はかかり

① 教育支援
民主党（当時）

ますけれども、しかし他の事業に比べて教育予算というのはボリュームはちっちゃいんですね。

教育予算はたしかに世界と比べてもこんなに低いですね

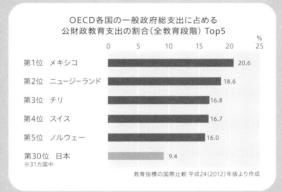

OECD各国の一般政府総支出に占める
公財政教育支出の割合（全教育段階）Top5

順位	国	%
第1位	メキシコ	20.6
第2位	ニュージーランド	18.6
第3位	チリ	16.8
第4位	スイス	16.7
第5位	ノルウェー	16.0
第30位	日本	9.4

※31カ国中

教育指標の国際比較 平成24(2012)年版より作成

民主党（当時）福島伸享

ですから政治の意志があれば多くのことはできるということをまず私は、みなさま方に申し上げたいと思っております。
その上で、やはり大事なのは、お金がなくて学校に行けない、進学するのを諦めなければならない。そのことによって、その先の収入にも差が起きて、貧困の連鎖が起きるというふうにしてはいけないと私は思っております。

第2部 若者政策討議会 〜ボクらのホンネを聞いてください〜

民主党（当時）

> 貧困の連鎖はボクたちの未来にも関係しますね

民主党（当時）福島伸享

> 高等教育の私費の負担割合というのはOECD諸国は平均3割なんですけれども、日本は65.7％。年収400万円以下の世帯で大学進学率は3割、全体では5割なんですけれども、収入が低い家の進学率って、やっぱり下がっているんですね。
> そうした意味では私は給付型奨学金を導入することに、もはや猶予はない。政治の意志を示すべきだと思っております。今日も同僚の維新の党（現民進党）の初鹿明博議員が質問をしておりましたけれども、馳大臣は、さきほど牧原さんがおっしゃったような慎重な答弁をしておりました。
> 私はこれは、意志があればできるというふうに思っております。

> たしかに、成し遂げるための強い意志は必要ですね

民主党（当時）福島伸享

> 2点目は就職教育とかインターンシップ、あるいは世界に通用する日本の大学ということですけれども、私は就職氷河期といわれてか

① 教育支援

民主党(当時)

> ら若者に余裕がなくなっていると思うんですね。

> 就職氷河期は一般的に1993年からですね

民主党(当時) 福島伸享

> 諸外国は20代であれば学校に行ったり、世界を放浪したり、ちょっと仕事をしてみたり、あるいは学位をもう1つ、とってみたりという幅の広いいろんなことをチャレンジできるのが20代(という世代)であると思っているんですね。
> 大学に入ったら、もう、その先に就職の心配をして、そこでミスをしたら取り返しがつかないという社会ではなく、20代のうちに、いろんな失敗を繰り広げ、繰り返しながら、チャレンジができたり、あるいはさまざまな知見を広げられる、そうした社会をつくることが必要なのではないかなというふうに思っております。

> なるほど。具体的な案も聞きたいですね

民主党(当時) 福島伸享

> あとは学生バイト対策・法整備。これは、まさに今、抜けていることであります。

民主党（当時）

労働組合とか、そういうのはバイトには、なかなかありませんから法整備はどういうサポートができるかも含めて、具体的な提案をいただければ、われわれのほうでも実現に向けて行動してまいりたいと思っております。以上です。

民主党（当時）　福島伸享

まとめ

☞ 教育予算の割合を高める

☞ 進学不可による貧困の連鎖を止める

☞ 若者がチャレンジできる社会

若者政策草案

教育支援

――

公明党

1

第2部 若者政策討議会 〜ボクらのホンネを聞いてください〜

公明党

公明党　中野洋昌

牧原先生のほうからも与党の取り組みということで、ご紹介がありましたので、私のほうからは奨学金にちょっと絞ってお話をさせていただきたいと思います。

> 奨学金はまさにボクらにとって身近な話題ですからね

公明党　中野洋昌

公明党は本当に野党の時代から奨学金に大変、力を入れてまいりました。昔は日本育英会[7]ということで、かなり限られた方しか奨学金を借りられず、50万人ぐらいだったと思います。
けれども、これは、やはり意欲のある方は全部借りられるようにしよう。こういうことを訴えてまいりまして、今、150万人ぐらい借りられる時代にはなってきました。
学生のみなさまの大きな支えになっていると思います。

[7] 国家的育英奨学機関。1943年財団法人大日本育英会が設けられ、翌年「大日本育英会法」の制定により特殊法人となった。1953年同法の一部改正により、日本育英会と改称。同会は、優秀な資質をもちながら経済的理由により修学の困難な学生、生徒に対して学資を貸与し、国家有用の人材を育成することを目的とした。

> 3倍はすごいですね！

① 教育支援

公明党

公明党　中野洋昌

ただ他方で、「返済が大変だ」という話も大変強くなってきましたので、返済の負担がなるべく少なくなるように、こういう取り組み（給付型奨学金）をもっとしていかないといけないんじゃないかということを考えております。

返済はたしかにボクらには負担です

公明党　中野洋昌

第2次安倍政権になってからも奨学金は実は大きく前に進んでいます。
1つは、さきほどあった有利子の奨学金から無利子を基本にしようということです。無利子化の流れを大きく進めて、ここ数年でも、約5万人近く無利子の枠というのを増やしています。

5万人…！

公明党　中野洋昌

海外にも、どんどん出ていくために、例えば短期留学で行く人数は1万人から2.3万人、倍以上に今、増やしているわけであります。あるいは延滞利率も当時、政権交代当初、10％だったものを5％に下げたりですとか、

第2部　若者政策討議会　〜ボクらのホンネを聞いてください〜

公明党

いろんな取り組みをしているわけでございます。

> なるほど

公明党　中野洋昌

しかし給付型奨学金というのが、高校生はできましたけれども、残念ながら大学生向けというのはないということで、これを何とか実現したい。これは与野党を超えて、ぜひ実現をしていきたいという思いであります。

> 与党としてお願いします！

公明党　中野洋昌

また返済負担という意味では、今、20代、30代の若い方が、例えば夫婦で奨学金をどっちも抱えてかなりの額になる。こういう声も強いわけであります。
平成29年度以降は、例えば、前年度の所得が低ければ月々の返済額が3000円になるなど、所得に連動して返済額が増減する新型奨学金が創設されます。これは、公明党が長年導入を訴えてきた制度です。

> 所得に応じて負担が減るのですね

① 教育支援

公明党

公明党　中野洋昌

これもぜひ、新しい方は当然、そうなんですけれども、今借りている方も何とか負担が減るような工夫もできないかと考えています。そういう意味で奨学金の政策というのを、これからもっと前に進めていくことで、やはり経済、所得の格差が教育の格差につながらない。こういう社会を目指していきたいというふうに思います。
しっかりがんばってまいりたいと思います。よろしくお願いします。

> 所得の格差が教育の格差につながらない、これはポイントですね

公明党　中野洋昌

まとめ

☞ **無利子枠を拡大**

☞ **大学生の給付型奨学金を目指す**

☞ **今奨学金を返済している人の負担も減らす**

1

若者政策草案

教育支援

―

維新の党（当時）

① 教育支援

維新の党(当時)

維新の党(当時) 落合貴之

若い方の格差の問題というのが大きく取り上げられ始めていますが、格差を解決するには2つの方法があると。
1つ目は結果を平等にする。再配分をする。もう1つは機会を均等にするということで、やはり私は特に若い人たちにとって重要なのは、この機会を均等にすることだと思います。

機会の平等が格差の是正につながるのですね

維新の党(当時) 落合貴之

その中で教育の機会というのは本当に重要でして、残念ながら学歴が生涯年収を左右してしまっているという今の日本の社会では、やはり教育の機会の均等というのは大変重要なことだと思います。

学歴が生涯年収を左右する!?
たしかにこんなデータもありますね

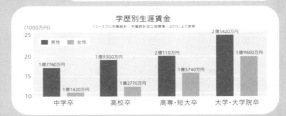

第2部 若者政策討議会 ～ボクらのホンネを聞いてください～
維新の党（当時）

維新の党（当時）落合貴之

教育の中に富樫さんからの提言でインターンシップとか就職教育についてありますけれども、私自身は例えば18歳から働かなきゃいけなかった方も40歳から大学に行けるような年齢に関係ない教育の機会を得ることができるという仕組みをつくっていくことが大切だと思いますね。

おぉ！年齢に関係なく教育の機会があるというのは、新しい提案ですね！

維新の党（当時）落合貴之

私は、高校時代から低所得者向けの奨学金を受けて高校にも通っていました。奨学金がなかったら私は中卒で今、何をしていたか。国会議員には絶対になっていません。そういう経験をしてきたからこそ、やはり政治がやらなきゃいけないことというのは、たくさんあると思います。

意外ですね…！

維新の党（当時）落合貴之

OECD諸国の中で教育に対する国の公的な支出が最下位であると。これは何らかの形で改善していかなきゃいけないと思います。

① 教育支援

維新の党（当時）

> 今、有利子から無利子へという話がありましたけれども、せめて何割か、半額でもいいから、3割でもいいから給付型にするというような、全額でなくても、そういった選択肢もあると思います。

たしかに全額ではなく、一部を給付にして早く多くの人に広める手段もありますね

維新の党（当時）落合貴之

> ぜひ、与野党を超えて、国会でも議論をさせていただければと思います。

維新の党（当時）落合貴之

まとめ

☞ **教育の機会均等が大切**

☞ **何歳からでも大学に通えるように**

☞ **奨学金の一部を給付にする**

1

若者政策草案

教育支援

———

おおさか維新の会

① 教育支援

おおさか維新の会

おおさか維新の会 浦野靖人

われわれ、おおさか維新の会は憲法改正[8]も含めて教育の無償化です。今、富樫君が提案したことの大半は、もうこの時点で、ほぼ解決できます。

[8] 憲法改正にはまず両院の総議員の3分の2以上の賛成によってされる国会の発議がなされる。国会が議決すると、法案は国民投票にかけられ、承認は多数決（法律では有効投票の過半数）によって行う。国民投票で可決されると、改正憲法は天皇がこれを国民の名において公布する。

おぉ。頼もしいですね

おおさか維新の会 浦野靖人

財源や何やっちゅう話はありますけれども、さきほどの民主党の福島先生がおっしゃったようにやろうと思ったらできるんですよ。
だから私たちは、それを本当に真剣に考えてやろうと思っています。今度の参議院の公約にも、この公約を入れることにおそらくなると思います。

公約に入るというのはうれしいですね

おおさか維新の会 浦野靖人

憲法改正も含めてというのは憲法のもとに教育の機会が平等であるということが書かれて

第2部 若者政策討議会 〜ボクらのホンネを聞いてください〜

おおさか維新の会

いるんですね、実際。
ただ義務教育は小学校、中学校だけなんですね。それは憲法のもと、法律で定めているんですね。

> 法律で決まっていたんですね

おおさか維新の会　浦野靖人

私たちは、それを法律で定めるんじゃなくて憲法で幼稚園、保育園から大学まで、憲法自体で明言してしまおうと。教育の部分に関しても、憲法を改正し、義務教育にするというのを、非常に大きなハードルですけれども、われわれは掲げて、これからがんばっていこうと思っています。

> 憲法改正はたしかにハードルが高そうですね

おおさか維新の会　浦野靖人

私も保育園を3つ、大阪で経営しています。今、待機児童の問題で非常に大きな話題になっていますけれども、待機児童の問題は都市部のみの問題で、さらに言うと最近、始まった問題ではありません。30年、40年前からずっといわれ続けている問題です。

① 教育支援

おおさか維新の会

> そんな前からあるんですか…!?

おおさか維新の会　浦野靖人

> それでも、なかなか解消できないのは、やはり保育園を過剰供給しないと待機児童って解消できないんですね。
> でも、なかなか現実的にはできない話で、そういったところで需要と供給のバランスがとれないというところで悩んでいるわけです。

> 過剰供給をするには大きな改革が必要に思いますね

おおさか維新の会　浦野靖人

> けれども、その部分をわれわれは緊急提言[9]させていただいたりとかしています。
> 今、できることと、これからやっていくことというのを分けて、これからやっていかないといけないことはまた提言していきますけれども、今すぐ解決できることは解決していく。待機児童の解消もやろうと思えばできる。

---

[9] 差し迫った状況に対し、急ぎ自分の考えや意見を出すこと。

> 今すぐできることは、いますぐやってほしいです

第2部 若者政策討議会 ～ボクらのホンネを聞いてください～

おおさか維新の会

おおさか維新の会　浦野靖人

残念ながら少数野党であるわれわれは、議案提案権[10]すらないという政党ですので、議案提案権を持っている巨大与党のみなさんと巨大野党がしっかりと話をしてくれたら前に進むんですけど、それはちょっと残念ながら、まだ負け犬の遠吠え状態で言うだけになっています。

---

[10] 国会法第56条：議員が議案を発議するには、衆議院においては議員20人以上、参議院においては議員10人以上の賛成を要する。但し、予算を伴う法律案を発議するには、衆議院においては議員50人以上、参議院においては議員20人以上の賛成を要する。

有言実行に向けて、議員数を増やしてほしいですね

おおさか維新の会　浦野靖人

まとめ

☞ 憲法改正をふくめ教育の無償化

☞ 保育園、高校、大学も義務教育に

☞ 待機児童問題の解決

若者政策草案

教育支援

日本共産党

第2部　若者政策討議会　〜ボクらのホンネを聞いてください〜

日本共産党

日本共産党　田村智子

私は今年（2016年）1月21日の参議院の決算委員会で、この大学の学費と奨学金の問題に絞った質問をしていますので詳しくは、そちらも、ぜひ見ていただけたらなというふうに思います。

この中でも、みなさんもおっしゃっていましたが、やはり日本の異常な高学費と借金しかない奨学金[11]というのは、やはり世界から見たときにあまりに異常です。

これだけ高い学費で給付制の奨学金がないっていう国は世界の中で日本だけなんですね。

---

[11] 経済協力開発機構（OECD）は高等教育の授業料水準と公的補助水準の高低を4つのモデルに分類し、日本、韓国、チリは「高授業料・低補助」に該当している。日本はOECD諸国の中でも高学費とされ、公的な給付制奨学金制度もない。

世界では奨学金は進んでいるんですね

日本共産党　田村智子

となれば、もう、みんなが給付制奨学金も必要だ、奨学金は無利子であるべきだっていう議論をしていますので、ここまで大胆に踏み込んだ政策を実現していかなければならないときだっていうふうに思うんです。

① 教育支援

日本共産党

> たしかにみなさんがおっしゃっていましたね

日本共産党　田村智子

> 日本共産党の提言として志位委員長が記者会見で述べたのは月3万円の給付制奨学金に、すぐに踏み出そうじゃないかと。

> 月3万円は大きいですね！

> これは成績要件とか条件を設けると、本当に厳しいご家庭の人ほどアルバイトで時間を使ってしまって、逆に成績が追いつかなくなってしまうっていうことが、ままにしてあるわけです。
> 本当に必要な経済要件だけで見て70万人ぐらいの規模で、まず月3万円という給付制奨学金に踏み出そうじゃないか。これはだいたい年額2500億円という予算が必要ですけれども、これはできると思います。

> おぉ！ 70万人とはまた多いですね！

日本共産党　田村智子

> 例えば不必要な大型の開発とか、あるいは防衛予算のあり方とか、あるいは法人税減税を

どんどんやっているけれども、こういうところの見直しをやれば、すぐにでも踏み出せる。だから学費が値上げして当たり前という、この政策も逆に値下げに転ずるということが求められていると思います。

予算の捻出は大切ですね

日本共産党　田村智子

ここは国も私立大学も例えば10年間で今の学費の半分になるというような目標を持って予算をつけていくべきではないだろうかと。こういうことも私たちは提案をいたしました。
やはり、お話があったとおり、教育を受ける権利というのは憲法も保障している。
私はやっぱり憲法を変えるより、その憲法に基づいた政治をいかに進めるかっていうことに与野党とも真剣に議論に臨むときだというふうに思います。

憲法は変えないということですね

日本共産党　田村智子

お話があったように小中学校も、とても無償化とは言えないような教材費とか制服のお金とか、こういうのが徴収されてしまうわけで

① 教育支援

日本共産党

す。
ここを無償化するためにどうするか。
高校の授業料の無償化、民主党政権のもとで踏み出した。素晴らしいことだと私も思います。大学も無償にできるんじゃないだろうかと希望を広げたわけですから、高校についてもじゃあ、制服はどうなんだ、あるいは私立学校は、とても無償には、ほど遠いんじゃないかと、こういう問題にも応えていくような政策をぜひ、みなさんと一緒に実現をしていきたいというふうに思います。

高校の制服や私立高校の無償化まで実現できるとしたら、すごいですね…！

日本共産党　田村智子

まとめ

☞ **月3万円の給付型奨学金を提案**

☞ **私立大学も含め学費の半額をめざす**

☞ **制服などもふくめた教育の無償化**

2

第2部 若者政策討議会 〜ボクらのホンネを聞いてください〜

若者政策草案

年金・社会保障

　年金ってホントにもらえるの？今からそんな遠い未来の心配なんてしたくありません！気になる所に切り込みます。

●学生納付特例制度の啓発強化

●年金運用の見える化

賦課方式・積立方式[12]を併用する形で運用されている現在の年金制度。少子高齢社会の中で若者の「払い損」にならないよう払った分は必ずもらえる持続可能な制度の整備

---

[12] 賦課方式は、年金支給のために必要な財源を、その時々の保険料収入から用意する方式。現役世代から年金受給世代への仕送りに近いイメージ。積立方式は、将来自分が年金を受給するときに必要となる財源を、現役時代の間に積み立てておく方式。

の更なる改善のためにも運用の見える化を進める。

●受給資格期間の短縮

2

若者政策草案

年金・社会保障

おおさか維新の会

② 年金・社会保障
おおさか維新の会

おおさか維新の会　浦野靖人

年金の問題は厚生労働委員会で本当によく質問が出るんですね。特にGPIF[13]の年金運用のことで株価が下がって、おそらく短期的には大損したんじゃないかと。
長期的に運用するものですので一概に今の時点を切り取って、どうこうという判断はなかなか難しいですけど、ただ今の制度を続ける限り、払い損になる人はたくさん出てくるんですよ、実際にね。

---

[13] 年金積立金管理運用独立行政法人の略。厚生労働大臣から寄託された積立金の管理及び運用を行う。累積収支は約50兆円とされる。

ちょっと難しいですが、若者が損をするということでしょうか

おおさか維新の会　浦野靖人

どんどん、どんどん年金額は減っているし、若い人は減っていて年配の方が増えていたら、だから支える人が減って、支えられる人が増えたら、それはしんどくなりますよね、普通に考えたら。
僕らが払っているのは自分たちのために払っているんじゃないですからね。今もらっている人のために僕らは払っているんですよ。

おおさか維新の会

> そういうことになりますね

おおさか維新の会　浦野靖人

> だから、せめて自分たちが払った分ぐらい、戻ってくるような制度というのに本当は変えるべきなんですよ。
> おおさか維新の会は、そういう制度に切り替えましょうという衆議院の公約とかを掲げてやっています。

> 払った分だけ返ってくるなら、まぁ普通ですね

おおさか維新の会　浦野靖人

> これは全部そうなんですけど、年金制度は本当に、やる気がなかったらできない。政治が、「よっしゃ」と決めたらできる話なんですけど、それも、なかなかできない。
> ああだこうだ、できない理由はたくさん厚生労働省が挙げてきますから、できないと言われたら、できないで終わるんです。
> われわれは本当にこのままじゃ、絶対にみなさんが思っているとおり、想像しているとおり、「損する」で終わると思います。
> だから、それは、どこかでやっぱり変えていきたいなというふうに思っています。

② 年金・社会保障

おおさか維新の会

> 「よっしゃ」と決めてほしいです

おおさか維新の会　浦野靖人

まとめ

☞ 今の年金制度では払い損になる人が出る

☞ 最低限払った分は返ってくる制度に

☞ 政治が強い意志を持てば制度は変えられる

2

若者政策草案

年金・社会保障

公明党

② 年金・社会保障
公明党

公明党　中野洋昌

若い方に年金のことについて伺うと、自分は、もらえないんじゃないかとか、国民年金は信用ができないから、生命保険とか民間で積み立てたいとか、いろんなご意見を伺うことがございます。

もらえないと思っている人、多いですよ

公明党　中野洋昌

しかし冷静に考えていただいて、国民年金というのは自分の保険料負担もあるんですけど残り半分は税で負担する仕組みになっているんですね。
私も今、国保だけなので月6万円ぐらい[14]しかもらえないですから、自分で積み立てていますけど、これだけ条件のいい年金を民間で見つけるというのは基本的に不可能です。

[14] 国民年金受給権者では月額6万円台を受給している層が一番多く、平均は5万4544円となっている。

条件としてはいいんですか

公明党　中野洋昌

さっき浦野先生は払った分は返ってこないとおっしゃったんですけれども、払った分が

第2部 若者政策討議会 〜ボクらのホンネを聞いてください〜

公明党

返ってこない仕組みには少なくとも長期的になっていないということをみなさんにぜひ、ご理解をしていただきたいのですが、これはなかなか理解していただけないんです。

素直に納得はできないですね

公明党　中野洋昌

例として申し上げるのが、長妻昭先生[15]がミスター年金、一番詳しいということで、年金制度は持たないんじゃないかと野党で質問をされていたのに、政権交代して厚労大臣になられたときには年金制度は長期的に安定しているとお話を最終的にされていました。
いや、これは与野党を超えて何回もやっているけれども、長期的には安定はしているんだよと。政権交代を越えてもみんな結局、そういう結論になったと。
こういうことをお伝えさせていただいたりもするんですけど、なかなか、たぶんピンとこないというふうに思います（笑）。

[15] 第1次安倍内閣を年金問題で厳しく追及。政権交代後、厚生労働大臣、年金改革担当大臣、衆議院厚生労働委員長、厚生労働部門会議座長などを歴任した。現在、民進党代表代行。

う〜ん。正直そうですね

② 年金・社会保障
公明党

公明党　中野洋昌

ですので仕組みをしっかりと伝えていく。いろんな高校とか中学とか、年金ということで授業とかで、さらっと触れたりはしますけれども、やはりどういう仕組みなのかということをみなさんに知っていただく必要があるのではないかと思っています。

仕組みを理解する機会は必要ですね

公明党　中野洋昌

もう1つは、これはかなり根本的な問題なんですけれども、年金の財政はこれからどういう仕組みをとっていくかと。
積み立てとか賦課方式とか、専門的な議論はいろいろあるんですけれども、結局結論としては日本の抱えている少子化と経済が低成長になっているという2つの問題を解決しない限り、どんな仕組みをとっても、やはり将来的には受給額という意味では、ちょっと減っていく。
こういうのは、やはり避けられない結論だなと思うんです。

減ることは仕方ないと

第2部 若者政策討議会 ～ボクらのホンネを聞いてください～

公明党

公明党　中野洋昌

だから少子化対策、まさに若い方への投資、これを社会保障の重要な柱なんだとしっかり位置づけて、もっともっと進めていく。将来的な年金も非常に安定する。
こういうことがやはり重要な視点だと思っていまして、これをやはり進めていく必要があるかなと思います。

ぜひボクらにもっと投資していただきたいです！

公明党　中野洋昌

まとめ

☞ 年金の条件は民間と比べて良い

☞ 年金の仕組みを理解する機会をつくる

☞ 少子化対策と経済成長のため若者に投資

若者政策草案

年金・社会保障

自由民主党

第2部 若者政策討議会 〜ボクらのホンネを聞いてください〜

自由民主党

自由民主党　牧原秀樹

この年金や社会保障のことを考える上で一番重要なのはやっぱり持続可能性なんだと思います。
つまりワーッと配って目先の関心や支持を得るということは政治的には非常に簡単なことですけれども、長期的に持続可能ではないとなると、若者は不安に思う。

たしかに30年、40年、50年先続かない制度は不安です

自由民主党　牧原秀樹

ですから、ここをしっかりと持続可能だというふうに、われわれがメッセージを出すことは非常に重要で、私たちは、それは持続可能なようにしていくので、安心をしてくださいというふうに申し上げるわけでございます。

正直、早く安心したいです

自由民主党　牧原秀樹

とはいえ、これをやはり持続可能にするための努力っていうのは重要で、世代間公平委員会みたいなものをつくって予算のときに少しシルバーの方に偏りがちな予算をちゃんと第

② 年金・社会保障
自由民主党

三者がチェックをして、もう少し若者に配分するため、こういうところを変えるべきじゃないか、もう少しシルバーにご負担をお願いしてちょっとカットすべきと提言する機関を設けるべきじゃないか、われわれ青年局[16]では若者協議会のみなさんからのお話も伺って、提言もさせていただいております。

---

[16] 自由民主党青年局。45歳以下の党員で構成される。党所属の国会議員はじめ地方議員・サラリーマン・学生、いずれの場合も45歳以下でさえあれば、青年局に所属することができる。

> 偏りはできるだけ排除してほしいです

自由民主党　牧原秀樹

これからまさに高齢化が進んでいって団塊ジュニアなんかが、いよいよ年金世代になったとき、本当に大丈夫かという不安はあります。
これは今、自民党の中では小泉進次郎さんやわれわれを含めて若者で2020年以降の社会保障を考える特命委員会（2020年以降の経済財政構想小委員会）というのをつくっています。

> 2020年といえば、ボクらがちょうど社会に出はじめるころでもあります

第2部 若者政策討議会 〜ボクらのホンネを聞いてください〜

自由民主党

自由民主党 牧原秀樹

例えば今の定年制度という65で定年、あとは年金というような働き方を、これだけ長寿化しているんだから、もっともっと働ける人はずっと働いて、そして年金をもらえるのも遅くてもいいんじゃないかというような議論とか、ある程度、年収の高い人は申し訳ないけどご辞退いただいて、年収の低い人にシフトすべきじゃないかということを聖域なく議論をしている段階でございまして、こういうことを若者の視点で青年局としても自民党としてもやっていきたい。こう思っているところです。

ボクらの意見も取り入れてほしいです

自由民主党 牧原秀樹

運用の話につきましては実は政権交代後だけで考えると一時期、40兆円ぐらいの利益が出て、そして、ここのところ最近、ちょっと損しているので、でも合計すると30兆円ぐらい、たぶんまだ利益が出ている状況だと思います。
それは当然、将来世代にはプラスになっているわけですね。これは長期的なトレンドで、われわれは株価が上がったりするように努力

② 年金・社会保障
自由民主党

> をしないといけませんけれども、長期的に見れば、私はやっていることは決して間違っていないと思っております。

とにかく損はしたくないですね

自由民主党　牧原秀樹

> なお受給資格の短縮は法律は通っているので平成29年4月から25年だったのが10年になると。これは実現するということです。年金の安心を確保していきたい。社会保障の安心を確保していきたいと思っています。

よろしくおねがいします！

自由民主党　牧原秀樹

まとめ

☞ 持続可能性のため世代間の偏りを無くす

☞ 2020年以降の経済を若者の視点で考える

☞ 運用については利益が出ている状態

2

若者政策草案

年金・社会保障

民主党(当時)

② 年金・社会保障

民主党(当時)

民主党(当時) 福島伸享

ちょっと今回、私は個人的なお話っていうか、意見を言わせていただきますけれども、年金の問題は、私は究極的な人口問題なんだというふうに思っております。
今の日本の賦課方式・積み立て方式の併用方式っていうのは若い人が常に増えていくということと経済が伸びるということを前提にして設計されていた制度で、人口構造が変化したことに伴ってマッチしなくなっているということが一番の問題の根源ですから、そのためには年金制度を変えるか人口構造を変えるか、どっちかなんですね。

やはり年金制度を変えるのでは？

民主党(当時) 福島伸享

年金制度を、もし変えたとしても、年金っていうのは、新しい制度で払っている人が受給対象になるまでには時間がかかるわけですから、ちょっとずつしか変わっていかないんですね。
そういう意味では私は本質的には今の少子高齢化の人口構造を変えることが、すべてだというふうに思っています。
それは、教育のことも含め、子供を産み、育てやすい社会をつくるというのが第1だとい

第2部 若者政策討議会 ～ボクらのホンネを聞いてください～
民主党（当時）

うふうに思っております。

本質的かつ、大きな問題ですね

民主党（当時） 福島伸享

もう1つ目の問題は経済の問題ですけれども、若い人が年金の保険料を負担するだけの経済力を得られていないという問題もあると思っております。
私の父は大企業で働いていて企業年金なんですけれども、年金生活で20万円近くもらって、いい暮らしをできる一方、非正規で、ずっと夜まで働いても手取りが20万もない人もいっぱいいるわけですね。

年金で20万円!!すごいですね

民主党（当時） 福島伸享

それは高度経済成長期、一生懸命働いていたんだから、それをもらうのは当たり前だという考えもあるかもしれませんけれども、しかし年金生活者のみなさん方のお金っていうのは現役世代が払う保険料でまかなわれるというのも事実でありますから、私は若い人がきちんと働いて収入を得て負担をできるという仕組みにすることが大切なんじゃないかなと思っております。

② 年金・社会保障

民主党（当時）

> まず働いて収入を得ることが最優先ですね

民主党（当時） 福島伸享

そして何よりも、この問題の一番の根源は納得性のなさだと思うんです。保険料を払っても本当に返ってくるの？ GPIF（政府の年金積立金管理運用法人）が、リスクのある株での運用比率を高めたことも、いろいろ理屈はあるでしょうけれども納得性がないと思うんですね。
そういう意味で私は消費税の社会保障目的税化[17]というのがありましたけれども、きちんと区分して会計をして、これは、まさに特別会計にした上で、どのぐらいの負担なら、どのぐらいの年金がもらえるかというのを、国民投票でやってもいいんじゃないかと思っております。

---

[17] 社会保障・税一体改革により、消費税率引上げによる増収分を含む消費税収（国・地方、現行の地方消費税収を除く）は、全て社会保障財源化されている。

> たしかに。払うなら納得してから払いたいです

民主党（当時） 福島伸享

これは国会でやったら駄目なんですよ、与野

第2部 若者政策討議会 〜ボクらのホンネを聞いてください〜

民主党（当時）

党で足の引っ張り合いになるから。これぐらいの負担で、これぐらいの受給をというのをいくつか選択肢を示して、国会でも、その案は議論していいんですけれども、最終的には国民のみなさま方に選んでいただくという。そうした国民的な選択をする機会というのを設けて国民のみなさま方に納得感のある正常的経営ができるようにすればいいんじゃないかなというふうに思っております。

国民投票ぜひやってください！

民主党（当時） 福島伸享

まとめ

☞ 年金制度ではなく人口構造を変えるべき

☞ 若者が収入を確保できるようにする

☞ 国民投票で年金制度・会計を決める

2

若者政策草案

年金・社会保障
――
維新の党（当時）

第2部 若者政策討議会 〜ボクらのホンネを聞いてください〜
維新の党(当時)

維新の党(当時) 落合貴之

1年ちょっと前のわれわれのマニフェストを見てみますと社会保障制度改革については所得に応じて負担の割合に差を設けるとか、賦課方式を積み立て方式にする。相続資産への課税ベースを拡大する。あとはビッグデータを活用し、医療費を抑制するなどやっていますが、何よりも大きな問題なのは、われわれが思っていたよりも人口が減る速さが速過ぎるということだと思います。

人口減少の問題は繰り返しでてきますね

維新の党(当時) 落合貴之

ですから今、安倍政権もいろんな施策をやろうとしているわけですけれども試算によっては2050年、私が70歳で今、20歳の方は50代半ばぐらいですけれども、今の社会保障制度を維持するためには国民負担率が7割を超えちゃうというような試算もあります。
なので受給年齢をちょっとぐらい上げたりですとか、金額を下げたりっていうような微調整、制度的な調整だけではおそらく無理なんじゃないかなというふうに思います。

年金制度の変更だけではどうしようもない状況です

② 年金・社会保障

維新の党（当時）

維新の党（当時）　落合貴之

ですから人口が急激に減少する状況を止めるということと、あとはやはり今の経済の仕組み自体を少し考え直さなきゃいけないんじゃないかなと思います。
さきほど定年をなくすという話がありましたが、年を取ってから都心まで通勤するのは大変なので、例えば基礎自治体の雇用は、なるべくシニアの人たちにする。自分の地域のことのお世話はシニアの人たちがやっていくということで、例えば5万でも6万でも収入が増えれば少ない年金の支給でもやっていけるんじゃないかなと思います。

シニアになっても働ける社会ですね

維新の党（当時）　落合貴之

それから、これから人口も減っていって、土地も空いていくわけですから空いている土地で農業をやったりですとか、そういうことをしていくことで、その本人も健康になって、それで食費も少しは下がるというような、やはりわれわれの今までの生活の仕方、生き方というのを少子高齢化に合わせて変えていく、経済の仕組みを変えていくという中長期的なシステムを変えていくことも必要なんじゃないでしょうか。

第2部 若者政策討議会 ～ボクらのホンネを聞いてください～
維新の党（当時）

> 制度ではなく、社会を変えることが求められているんですね

維新の党（当時）　落合貴之

> **まとめ**

> ☞ 年金制度ではなく社会のありかたを変える

> ☞ シニア世代の雇用を生み出す

> ☞ 少子高齢化に合わせた経済システムに

2

若者政策草案

年金・社会保障

日本共産党

第2部 若者政策討議会 〜ボクらのホンネを聞いてください〜

日本共産党

日本共産党　田村智子

実は私の上の子どもも20歳になりまして、学生納付の猶予という制度[18]がありますよという通知が来ました。
全員に20歳になると送られてくるんだなとあらためて確認をしたんですけれども、本当に徹底することは必要なんですが、これは免除じゃなくて猶予なんですよね。
あとから払わなかった分を払えば年金は満額、受けとれますよ。
だけど、その分が結局、未納になってしまうと将来、受け取る年金額は払わなかった分は目減りしますよという制度なんですよ。

[18] 日本国内に住むすべての人は、20歳になったときから国民年金の被保険者となり、保険料の納付が義務づけられるが学生については、申請により在学中の保険料の納付が猶予される「学生納付特例制度」が設けられている。

ちょっとわかりにくいですよね

日本共産党　田村智子

そうすると受け取った側は考えますよね。はたして猶予制度をとったほうがいいのか。払えないから、とらざるを得ないっていうこともあるでしょう。だけど、それは将来の年金額に跳ね返りますよ。将来、まとめて払うだけの稼ぎが自分にあるだろうか。そして家庭的に、経済的に子供の分まで払えるよという

② 年金・社会保障
日本共産党

世帯は、じゃあ、親が代わりに払いましょうってなるでしょう。だけど親がそうでなければ、結局、そのしわ寄せは子どもさんに行ってしまうという、ここでも貧困の連鎖といいましょうか、そういう問題が残っているんですね。

払わなかったときと払わなかったとき、将来どのくらいの差が出るのかは知っておくべきですね

日本共産党　田村智子

これはフランスなどの年金の制度を見てみると払えないような収入状態であれば払ったとみなすという制度なんですよ。
例えば女性が子どもを産むと、収入が下がっちゃったとか、仕事を一旦、とりあえず辞めるという選択をしてしまったとか、さまざまなライフステージの変化があります。
そのときにも、それは出産、育児というやむを得ない事情なんだからということで年金の保険料は払ったとみなすという制度になっているわけなんです。

払ってないのに「払ったとみなす」というのは画期的ですね

第2部 若者政策討議会 ～ボクらのホンネを聞いてください～
日本共産党

日本共産党　田村智子

日本も猶予ではなくて払ったとみなして免除するというような制度にしなければ、経済的に苦しい家庭ほど、その子どもさんも将来の年金について不利な条件に置かれてしまう。ここは、ぜひ制度の改善を求めていきたいというふうに思います。
それからお話のあった受給資格期間の短縮。そうなんです。これは実は10年に短縮するって、もう法律では決まっているんですよ。ただ実施していないんです。今、25年です。25年払わなかったら受け取れないんです。

長いですよね。そんなに払い続けられるものなんでしょうか

日本共産党　田村智子

これはあまりにも長過ぎる。10年、何で実施しないのか。消費税を10％に増税したときに実施するっていう条件付きになっているからなんです。消費税10％にしなくちゃできないようなお金が必要かというと、これは厚生労働省に私は試算を求めたことがあるんですけれども、だいたい300億円から350億円ぐらいで実施できるっていうんですね。
全然、大きな額じゃないです。

② 年金・社会保障
日本共産党

> 政府の予算規模と増税による税収のアップからするとそうですね

日本共産党　田村智子

ちょっと他党の方に申し訳ないけど非常に比較がしやすいのは例えば政党助成金[19]なんですよ。
これはだいたいそれぐらいの額なんですよ。これは政党助成金を充てれば、国民のみなさまには何の迷惑もかけることなく、すぐに受給資格は10年に短縮できるわけですから、すぐに踏み出すことができるんじゃないかというように思います。

---

[19] 政党交付金のこと。政党の活動を助成する目的で国庫から交付される資金。年間約320億円が議席数と得票数に応じて配分される。日本共産党は受け取りを拒否している。

> そうなるとありがたいですね

日本共産党　田村智子

まとめ

☞ 年金を払えないとき、猶予ではなく免除に

☞ 親の収入が子供の年金に影響しないように

☞ 早急に年金の受給資格を10年間にする

若者政策草案

若者担当大臣・省庁またはこれらに代わる部局の設置

若者の声を直接政治に反映させるには、政府の側に窓口が必要です。ボクらのキボウは届くのでしょうか！？

●地域・家庭・教育機関と場所も問題も多種多様なところに及ぶ子ども・若者。これらの問題を包括的に取り扱うための省庁、もしくは部局を内閣に設置。

●子どもの貧困やワーキングプア、給付型奨学金や就活・雇用の問題、保育園整備や住宅・シェルター整備、医療支援・年金・社会保障などの問題解決に取り組む。子どもの貧困対策では子ども食堂の運営援助や行政主導での子どもの居場所確保、虐待やDV対策に加え隠れた問題を発見するために地域・家庭・教育機関の連携を強化。

③ 若者担当大臣・省庁またはこれらに代わる部局の設置

●年金・社会保障など若者に大きく関わる問題についての意見聴取の仕組みづくりや、ブラック企業・就活・雇用の問題について若者からの窓口を政府として設置する。

●若者政策に関わる審議会等に積極的な若者審議委員の採用

●愛知県新城市を例にした若者議会の開催推進

●若者の社会起業や地域活性化NPO・まちづくり・環境保護活動などの取り組みを助成金の条件緩和や相談支援、協働事業の実施などサポート体制を整え地域活性化につなげる。

●「地域若者サポートステーション」の拡充

●UIJターンなどで地方、特に過疎地域で仕事に就く若者への就労支援や移住費補助。

3

若者政策草案

若者担当大臣・省庁または これらに代わる部局の設置

―――

日本共産党

③ 若者担当大臣・省庁またはこれらに代わる部局の設置

日本共産党

日本共産党　田村智子

若者担当大臣と省庁、ぜひ検討していきたいんですけれども、今の政治のあり方や政権のあり方を相当、大きく変えないといけないんじゃないかなと思うんですね。

というと？

日本共産党　田村智子

今も安倍内閣は、例えば女性の活躍担当大臣などを置いてきたんですけれども、私も女性活躍推進法[20]で質問すると、その担当大臣は、ほとんど答弁しないんですよ。
例えば職場の中で女性の賃金差別の問題、あるいは派遣で働いている人の実態調査はどうするんだということを担当大臣に聞こうとすると、その担当部署は厚生労働省だから厚生労働省の担当の人が答えますって言って質問もさせてくれない。
担当大臣に答えてほしいって言っても、違うって言われちゃうんですね。

---

[20] 「女性の職業生活における活躍の推進に関する法律」。女性が、職業生活において、その希望に応じて十分に能力を発揮し、活躍できる環境を整備するために制定された。これにより、平成28年4月1日から、労働者301人以上の大企業は、女性の活躍推進に向けた行動計画の策定などが義務づけられている。

たらいまわしですね

日本共産党

日本共産党　田村智子

同じことが起こっちゃうと思うんです。若者担当大臣、つくりました。だけど看板は掲げているんだけど、実際にサポートステーション、どうですか。それは厚生労働省です。奨学金、どうですか。それは文部科学省ですと。結局、こういう建前になっちゃう。今の政治や政権のあり方に相当深くメスを入れて変えていかないと、看板倒れになってしまう危険性があるのかなと感じているところです。

う〜ん。たしかに

日本共産党　田村智子

ただ、みなさんが、そういうふうに提言するのは、やっぱり若者の意見がなかなか政治に反映されていないという思いの表れだというふうに思いますね。
国会の中では法案審議や予算の審議のときには参考人とか公聴会[21]とか、こういうのをやっています。
だけど、たしかに偉い大学の先生には来ていただくけれども、現場でいろんな取り組みをやっている若い方が来る機会は少ないし、全体の質疑時間が短くなると、なかなかできないっていう実態があります。
国会も、もっと積極的に、いろんな現場で取り組みをやっている若い人に来てもらって、

③ 若者担当大臣・省庁またはこれらに代わる部局の設置

日本共産党

参考人質疑をやろうじゃないかという議会改革をぜひ超党派で私たちは進めていきたいと思います。

---

[21] 衆参両議院では、委員会において審査又は調査のため必要があるときは、参考人の出頭を求め、意見を聴くことができる。また、一般的関心及び目的を有する重要な案件について、公聴会を開き、真に利害関係を有する者又は学識経験者等から意見を聴くことができる。総予算及び重要な歳入法案・憲法改正法案においては、開催義務がある。

> ぜひ進めてください

日本共産党　田村智子

地方議会の提案も、おもしろいです。ただ、この間、子ども議会っていうのを傍聴に行きましたら、子供が一生懸命、意見表明するのに、これは、そういうわけでできませんって言うんですよ。
まったく上から目線の答弁して終わりみたいな議会や、ただ議会体験しました、で終わっている子ども議会はいっぱいあります。

> 大人から子供に「教えてあげている」
> 形になることが多いですね

日本共産党　田村智子

やっぱりもっと対話を重視し、若者が何を望んでいるのか、子供が何を望んでいるのかをまず聞く。そして、その出された要求に応え

第2部 若者政策討議会 ～ボクらのホンネを聞いてください～

日本共産党

ることができないのなら、なぜ、それができないのか。やはり出された意見は、議会の側では、その意見表明権を尊重し、その中身について真剣に議論するというところまで国会も地方議会もやって、子ども議会とか若者議会ということにも、ぜひ取り組んでいきたいなというふうに思います。

提案された中身には大人の理屈ではなく、真剣に議論してほしいです

日本共産党　田村智子

まとめ

☞ 名ばかりの担当大臣、省にしてはいけない

☞ 国会の参考人・公聴会に若者を呼ぶ

☞ 子供、若者の意見の中身を真剣に議論する

3

若者政策草案

若者担当大臣・省庁または
これらに代わる部局の設置

維新の党（当時）

第2部 若者政策討議会 〜ボクらのホンネを聞いてください〜

維新の党（当時）

維新の党（当時） 落合貴之

少子高齢化の問題を解決させるということは、この国にとって、もっとも重要な課題ですので、やはり担当大臣をつくることが重要だと思います。
ただ、さきほどの国会での答弁もありましたけれども、大臣をつくるだけだと、この問題は何省のあれで、この問題は何省でって、なってしまう可能性が高いので、復興庁のように省とか庁を、行政改革と逆行しているかもしれないですが、もう1つ、つくって権限を与えるということが重要だと思います。

大臣に権限がないと、設ける意味がないですよね

維新の党（当時） 落合貴之

担当大臣をつくるんだったら省庁を1個つくるというふうにしないと、ただのお飾りが1人いるだけで終わっちゃうんじゃないかなと。
それから、ここに書いてあるのは、わりと子どもの教育とか子どもの問題が多いんですけど、やはり抜本的に解決するには、子育ての部分まで40代ぐらいの人たちまで全部網羅するような子ども・子育て省みたいなのが必要なのじゃないかなと。

③ 若者担当大臣・省庁またはこれらに代わる部局の設置

維新の党（当時）

> なるほど！

維新の党（当時）　落合貴之

去年、世界の若い国会議員が集まる会議がありまして、日本の国会議員も20人選ばれて、私もその中の野党の1人として、出席しました。
そこにいくと、東欧では中長期的な問題は与野党を超えて若い国会議員だけで委員会をつくって話し合うという国もありました。こういうふうに人口構成が偏ってしまっている状況では国会の中に、そういう機関をつくる必要も意義はあるんじゃないかなと思います。

> 若い国会議員だけの委員会。
> 日本でも欲しいですね

維新の党（当時）　落合貴之

それから富樫さんがおっしゃっていた審議会の中も中長期的な問題に対しては、女性のクォーター制[22]と同じように一定割合、20代、30代を入れる。そういった審議会をつくることですとか、あとは思い切って20代、30代だけの審議会をつくるということも必要なのではないかなと思います。

---

[22] 一定数女性の委員を割合で決めること。政府は2020年に審議会の女性委員割合を40％以上60％以下を目指している。2014年9月政府全体の割合では35.4％。

第2部 若者政策討議会 ～ボクらのホンネを聞いてください～

維新の党（当時）

> 若者審議会ということですね

維新の党（当時） 落合貴之

今でも参考人という形で意見陳述をする形でやっていますけれども、それは1回だけで終わりですので、それだと、ただ聞きましたというだけです。私も学生時代に政府税調に呼ばれて1回、意見陳述したんですけど、そこからまったく連絡はないですので、もう、やったっていうことを残すだけのためにやっている今の仕組みは改めなきゃいけないというふうに思います。
恒久的なそういった仕組みをつくる必要があるんじゃないかなと思います。

> 形だけにはならないように
> しなければなりませんね

維新の党（当時） 落合貴之

まとめ

☞ 子ども・子育て省をつくる

☞ 若手国会議員だけの委員会をつくる

☞ 若者だけの審議会をつくる

3

若者政策草案

若者担当大臣・省庁または
これらに代わる部局の設置

民主党（当時）

第2部 若者政策討議会 〜ボクらのホンネを聞いてください〜

民主党（当時）

●○○○○

民主党（当時） 福島伸享

もう最後なので、ぶっちゃけの本音でやりたいと思うんですけれども、この提言は、ものすごいお上意識とか、甘えがあるんじゃないかと私は思うんですよ。

なかなか厳しいご意見ですね

民主党（当時） 福島伸享

役所をつくったから何かなりますか。そんな役人が信用できますか。そんな大臣が立派な仕事をすると思いますか。だれかに何かをつくってもらって、何かをやってもらおうという意識を変えない限り、私は何も変わらないと思っています。

・・・・・・

民主党（当時） 福島伸享

連絡調整とか、窓口になるところは必要でありましょう。しかし、それができたからといって何か世の中が変わるということは、私は考えないほうがいいと思っています。
もう1つは少子高齢化の時代だから若者は少数だとか、お金がないとか、サポート体制がないとか、そんな情けないことを若者は言っちゃいけない。

③ 若者担当大臣・省庁またはこれらに代わる部局の設置

民主党（当時）

> では、どうすれば
> いいのでしょうか

民主党（当時）　福島伸享

> まず若者は体力があるんです。僕らは、けんかしたらかなわんし、ある程度、無茶をやっても若いからといって許されるんです。計算せずにむちゃくちゃできるというのが若者の強いところで、決して若者は弱者ではない。挑戦する大きなポテンシャルを持った自分たちであるということを私はみなさんが自覚することがなければ、この若者政策は何も始まらないというふうに思います。

> ボクら自身の意識を変えて
> いかなければならないと

民主党（当時）　福島伸享

> その上で言うと役所がどうだとか、政策がどうだという前に意思決定に、どれだけ絡めるかがポイントなんですね。そういう意味では、さきほどあった審議会に若者を入れる。これは大いにやるべきだと思います。ただ若者を選んでくださいというのは、これもお上意識なんですよ。
> 私が昔、構造改革特区 [23] をやっているときに特区の評価委員というのを初めて公募した

145

第2部 若者政策討議会 〜ボクらのホンネを聞いてください〜

民主党（当時）

んです。そのとき何人か大学生の応募がありました。

---

[23] 構造改革特別区域のこと。従来法規制等の関係で事業化が不可能な事業を、特別に行うことが可能になる地域。特区で行われた政策が十分な効果をあげた場合、全国に拡大されるので、規制緩和の呼び水にもなっている。

積極的な若者は昔からいます

民主党（当時） 福島伸享

最終選考まで大学生の方は残って、でも匿名で年齢とかなく投票で選んだんですけれども、最終的にその方は選ばれなかったんです。しかし等しく投票して、立候補制にして、審議会の中に若い人を入れろということでやるのが、まず1つ、大事なことだと思っています。

いまの制度は変えてほしいですね

民主党（当時） 福島伸享

あと、やっぱり最後、究極は選挙しかないんですよ。選挙しかない。選挙で若者の声を上げるしかないんです。
今年の1月に台湾の民進党という、われわれと同じ先輩の党が政権交代しましたけれども民進党の人に聞いたら20代の支持率が70％、圧倒的だったんですよ。

③ 若者担当大臣・省庁またはこれらに代わる部局の設置

民主党（当時）

中国との貿易を強めたことによって格差が広がって若者にしわ寄せが行ったことに若者が怒って、国会を占拠までしたんです。あるロックスター（フレディ・リム 林昶佐）が民進党ではないですけれども時代力量という政党で出て、球場で集会をやったんですけど若者ばかり、集まったのは3万人ですよ。
みなさんが3万人、集まって、これをやれって集会をやったら安保法案どころじゃないんですよ。

われわれも集会をしたほうがいいと

民主党（当時） 塩島伸享

ですから政策を語るのも大事ですけれども、それは選挙権の年齢の引き下げや被選挙権の年齢の引き下げも必要でしょうけれども、きちんと権力闘争をみなさん自体がやって、それで物事を変えていくということが大事なのじゃないかなというふうに思っています。

権力闘争…。う〜ん。もっと違うやり方もあると思いますが

第2部 若者政策討議会 〜ボクらのホンネを聞いてください〜

民主党(当時)

民主党(当時) 福島伸享

まとめ

☞ この提言は甘い!自分たちで行動せよ!

☞ 審議会は立候補制・投票制にする

☞ 権力闘争で物事を変えていくべき

3

若者政策草案

若者担当大臣・省庁または これらに代わる部局の設置

自由民主党

第2部 若者政策討議会 ～ボクらのホンネを聞いてください～

自由民主党

自由民主党　牧原秀樹

私も若者担当大臣をつくるという心意気は非常によく理解しますし、こうしたことを政治に入れておくというのは大事だと思うんですけれども、それを省としてつくったりということについては、そこにかけるエネルギーだったり、時間だったりというものを考えると、必ずしも、それがすごい特効薬にはならないんじゃないかなと思っています。
私は最大の若者政策っていうのは長期的視野を持った政策をきちんと打ち立てることだと思っています。

長期的視野を持った政策、ですか

自由民主党　牧原秀樹

私は自民党という党にいて、この党がやった最大の功績は、わずか結党3年後に皆年金、皆保険制度をつくったことだと思います。その当時、昭和33年ぐらいから構想して36年に通っているんですけど、日本中が若者だらけで、ほとんど年配の方、年金を受け取る方がいなかった時代に皆年金、皆保険をつくったわけですね。

なるほど。今の状況とは逆ですね

③ 若者担当大臣・省庁またはこれらに代わる部局の設置

自由民主党

自由民主党　牧原秀樹

これを今、つくろうと思ったらできません。アメリカを見てもわかるように今から新しく皆年金や皆保険をつくったら大変なことで、それをわずか戦後、まだまだ高度経済成長に至らない時期につくっていたのは大切なことだと思います。

たしかにそうですね

自由民主党　牧原秀樹

つまり、その当時は若い人たちが将来を見据えて、それが政策をつくってというふうに、なっていたんですね。
ところが、ある時点から、それがないので、やはり若者の声をみんなもちゃんと上げていく。そして、われわれもちゃんとそれを聞くということが非常に重要です。

若者が自分の将来のことを考え、それに向けて声を発するということですか

自由民主党　牧原秀樹

今、私は青年局長になってから全自民党議員には各地方議員の方まで含めて、とにかく大学に行ったり、高校に行ったり、どういう形

第2部　若者政策討議会　〜ボクらのホンネを聞いてください〜

自由民主党

でもいいから若い人たちの話を聞けということを言って、そして今、意見がどんどん吸い上がってきております。
私もいろんな大学に行ったり、こうした協議会に毎日のように顔を出して意見を吸い上げています。こういうわれわれ議員側の努力もやっぱり重要だと思います。

> たしかにボクらが一方的に声を上げるのではなく、それを聞く体制が政治の側にあってほしいと思います

自由民主党　牧原秀樹

それとともに政治参加を促すために被選挙権の引き下げ、これは私は真剣に検討したほうがいいというふうに思っていまして、提言もさせていただいております。
供託金[24]も平均年収の低い20代に600万が必要だというような国政と60万で済む地方議員との間にすごい格差がある。
こういうことは、やはり引き下げる必要があるんじゃないかということで、これは私のほうで、もうすでに政調会長[25]や幹事長[26]に引き下げてくれという話を何度もさせていただいております。

---

[24] 被選挙人（＝候補者）が公職選挙に出馬する際、国によっては選挙管理委員会等に対して寄託することが定められている場合に納める金銭もしくは債券などのこと。当選もしくは一定以上の結果

③ 若者担当大臣・省庁またはこれらに代わる部局の設置

自由民主党

を残した場合には供託金はすべて返還されるが、有効投票総数に対して一定票（供託金没収点）に達しない場合は没収される。国会議員選挙区は300万円。
[25] 政党に設置されている選挙公約や政策の立法の立案に関する機関の長のこと。「政調会長」とは略称で、自由民主党では「政務調査会長」のことを指す。
[26] 組織の役職名の一つで、幹事集団（幹事会、常任幹事会）の長。組織内に関わる職務を行う役職のうち最高位。組織のナンバーワンを示す場合とナンバーツーを示す場合があり、そのいずれかはその組織により異なる。自由民主党ではナンバーツーとされる。

それは頼もしいです

自由民主党　牧原秀樹

投票の利便性の向上は今回、与野党を超えて実現をするということでございますので、ぜひ若い人たちが、どこでも投票しやすい環境を整えていきたいと思っております。
このような若い人たちの声を聞きやすい環境をできるだけつくり、そして政治に長期的ビジョンを持って、今の世代の幸せだけじゃなくて、30年後、40年後、みんな必ず今は若者でも年を取ります、その年を取った、その先まで見据えた政治に変えていく。
私はこれが一番重要だと思っています。

先を見据えた政治のために、ボクらの声を受け入れてほしいです

第2部 若者政策討議会 ～ボクらのホンネを聞いてください～

自由民主党

自由民主党　牧原秀樹

まとめ

- ☞ 長期的な視野を持って政策を立てる

- ☞ 政治家が若者の意見を聞く姿勢を持つ

- ☞ 被選挙権を引き下げる必要がある

若者政策草案

若者担当大臣・省庁または
これらに代わる部局の設置

―

公明党

第2部 若者政策討議会 〜ボクらのホンネを聞いてください〜

公明党

公明党 中野洋昌

私は18歳選挙権が今回、実現をいたしましたけれども、やはりこれを機に一番大事なことは何かというと、政治が若い人の声をしっかり聞いていくんだという姿勢を示していくということだと思っております。

> 18歳選挙は大きなターニングポイントになるはずです

公明党 中野洋昌

私は学生局長[27]なので、全国いろんな大学に行って、いろんなことをお伺いします。また公明党は今、若い議員が非常に多くて4分の1から3分の1ぐらいの議員が今、青年委員会に所属をしておりますので、これも全国でいろんな若い声を聞こうということでやっております。
やはり若い方というのは政治との接点も少なくて、自分が声を上げたから、じゃあ、政治が何か動いてくれるのかという意識もあり、やっぱり政治に対して、ある程度、冷めた目で見ていらっしゃる。こういう方も多いと思います。

---

[27] 平成21年2月、厳しい就職活動など、学生を取り巻く環境の変化に対応するため新設された公明党学生局の局長。

③ 若者担当大臣・省庁またはこれらに代わる部局の設置

公明党

> そもそも政治家に期待してない人が多いですね

公明党　中野洋昌

でも、しっかり声を聞いているんだ。そういう世代の声が政治に届いていくんだ。変わっていくんだということをぜひ、みなさまにも伝えていきたい。そういう意味でも、ご提案をいただいたような、こういう声を聞く仕組みというのをやはりつくっていきたい。
私は、いろんなご意見がありますけれども、こうしたいろんな若い人の意見が、どうやったら国に届くのか。こういうものをぜひ党のほうでも真剣に取り上げて、本当にマニフェストに載せて、選挙を戦えるような政策までしっかり練り上げていきたいというふうに思っております。

> ぜひマニフェストに入れてください

公明党　中野洋昌

1つ、昨年、成立した法律で言いますと、若者雇用促進法[28]というのが実は3月から全面施行になっております。
これは私ども公明党も非常に強く訴えていたんですけれども、例えば雇用という側面だけ

第2部 若者政策討議会 〜ボクらのホンネを聞いてください〜
公明党

を見ても、最近、ブラック企業みたいな話も出てきて、若い人を使いつぶすような企業もあるじゃないかという声もありましたし、ニート、ひきこもり、など積極的にアプローチをしていかないと、なかなか対応が難しいような、こういうお話もサポートステーション[29]などでやっておりました。

けれども、予算措置[30]でやっている。こういうこともありまして、こういう若者の味方になるような法律をぜひ雇用の部門でつくろうじゃないかということで成立をいたしました。

---

[28] 「青少年の雇用の促進等に関する法律」のこと。1.事業主による職場情報の提供の義務化、2.労働関係法令違反の事業主に対する、ハローワークの新卒者向け求人の不受理、3.優良な中小企業の認定制度の創設などが主な施策。

[29] 地域若者サポートステーション（愛称：サポステ）。働くことに悩みを抱えている15歳〜39歳までの若者に対し、キャリアコンサルタントなどによる専門的な相談、コミュニケーション訓練などによるステップアップ、協力企業への就労体験などにより、就労に向けた支援を厚生労働省が委託したNPO法人や民間企業が行っている。

[30] 実施することの決定した事業などについて、予算上の裏付けをすること。

> 非常に若者にとっては重要な法律ですね

公明党　中野洋昌

> 例えばブラック企業になったところはハローワークでは、もう絶対、紹介をしないような

③ 若者担当大臣・省庁またはこれらに代わる部局の設置

公明党

> 仕組みをつくったり、あるいはサポステも、しっかりと位置づけてやっています。
> こういう取り組みをどんどん進めていきたいと思います。

よろしくお願いします！

公明党　中野洋昌

> 最後に18歳選挙権になったんですけれども、被選挙権のほうが25と30ということでございますので、これもしっかり下げていったほうがいい。こういうふうに私も訴えまして、公明党の中でも検討PT（プロジェクトチーム）というのを正式に立ち上げました。しっかりと議論していって、これもぜひ実現をしていくようにがんばっていきたいなと思っております。

ぜひ実現してください！

公明党　中野洋昌

まとめ

☞ 政治が若者の声を聞く姿勢を示す

☞ マニフェストに若者の意見を入れる

☞ 若者の味方になる法律をつくる

3

若者政策草案

若者担当大臣・省庁または これらに代わる部局の設置

おおさか維新の会

③ 若者担当大臣・省庁またはこれらに代わる部局の設置

おおさか維新の会

おおさか維新の会　浦野靖人

われわれおおさか維新の会は、まさに富樫君が所属している若者協議会と最初に話をさせていただいた政党なんですね、実は。これはおおさか維新の会のときじゃなくて、維新の党当時ですね。いち早く、そういった人たちの声を一度、聞いてみたいということで来ていただきました。

そうでしたね！

おおさか維新の会　浦野靖人

実は私が国会でも、この若者協議会の活動について、若者省のことについて質問をすでにさせていただいています。今、政権で若い人たちの担当となると一億総活躍担当大臣[31]って加藤（勝信）さんという方になるということで、加藤さんが答弁されたんですけれども、加藤さんからは、やらないという答弁をいただきました。

---

[31] 加藤勝信大臣。少子高齢化の流れに歯止めをかける、そして一人一人が活躍できる「一億総活躍」の社会を作り上げるため、すべての政策を総動員していく。縦割りを排除し、政府の持てる力をしっかり発揮していくとしている。

そうでしたね…

第2部 若者政策討議会 ～ボクらのホンネを聞いてください～
おおさか維新の会

おおさか維新の会　浦野靖人

ただ公明党さんは若者省をつくるんだというのを公約にするというふうな話が出ていました。ネットで流れたことがありましたので、早くも与党の中で、そういう綱引きが始まっているんだなというふうな、ちょっと加藤さんの答弁を聞いて思ったんですけれども。
若者協議会って実はさっき福島さんがおっしゃったみたいに何かしてもらいたいという団体ではないですね。実は逆で、自分たちで政策を議論して、これを国会に「やれ」という提言をする団体なんですね。

> 政策をぶつける団体ですね

おおさか維新の会　浦野靖人

まさに上から下りてくる政策をどうこうじゃなくて、自分たちが、若い人たちが、これから自分たちのためにやってもらえる政策を真剣に議論して、それを国会議員に訴えていく。その訴えていった政策を実行することを約束する政党を、これも真っ当な話だと思うんですけれども、そういった取り組みをシステム化しようというのが若者協議会の、そもそものスタートのはずなんです。
それで今、3000人以上、メンバーも増えて非常に大きな団体に。これから、もっともっと大きくなっていくと思うんですけれども、

③ 若者担当大臣・省庁またはこれに代わる部局の設置

おおさか維新の会

私はその取り組みはいいことだと思うんですね。

おかげさまで若者協議会も大きな団体になってきました

おおさか維新の会　浦野靖人

やっぱり私もまだ国会議員としては、まだ若いほうです。こう見えても……。まあ、いくつぐらいに見えているかわかりませんけれども、実は42歳なんですね。ちょっと、えっと思う人もいてるかもしれませんけれども、若いほうなんですよ。
それでもやっぱり今、富樫君と話をして、いろんな話が合うかといったら合いません。もう私は絶対、靴下を履きますし、富樫君は履いていません[32]し、そのところは全然、合わないんですよ。でも世代間ギャップって絶対あるんです。

[32] このとき私は素足で革靴を履いているようなかっこうで、それをイジられたということです（笑）一応、外からは見えませんが、靴の中に隠れる靴下を履いていました……。

靴下の件はもういいじゃないですか！

おおさか維新の会　浦野靖人

だから私は、そこはやっぱり自発的に若い人

第2部 若者政策討議会 ～ボクらのホンネを聞いてください～

おおさか維新の会

たちが求めてくる政策とは何なのか、それについて真剣に議論をしていく国会であるべきだし、その進捗状況をチェックして、やってるやないか、やってないやないかって、しっかりと監視するのが若者担当大臣だと私は思っているので、ちょっと見る方向、立場が違いますけれども、私は、これは一生懸命やっていかなあかんと思っています。

> 若者の声を国会に届け、監視するための大臣ですね

おおさか維新の会　浦野靖人

まとめ

☞ 若者議会は国会に政策を提言する

☞ 若者の意見を自発的に集める国会

☞ 国会を監視する若者担当大臣

若者政策草案
質疑応答

討議会の当日、会場にいた若者から、
議員の方に対して質問がありました。

第2部 若者政策討議会 ～ボクらのホンネを聞いてください～

Q1
教育予算を増やすために障壁となっている問題は何でしょうか

民主党（当時）福島伸享

　1つは省庁の縦割りだと思うんですよね。縦割りで、もう何省がいくらっていうのは毎年ほとんどコンマいくつしか変わらないんですが、それを変えるだけの意志を政治が持たないということが予算の配分が変わらない1つの理由です。

意志の問題ですか

民主党（当時）福島伸享

われわれが今、案の段階で議論しているのは人材国債。
現在、赤字国債と建設国債[33]というのを発行しています。建設国債は将来、橋をつくったり、財産になるからというので、法律上、認められていますね。
赤字国債は特例で法律をつくらないと認められない国債なんですけれども、人は、まさに「人材」で将来、育てば納税者にもなってくれるわけですから、教育予算を調達するための赤字国債を一定額減らして、それと同額分の教育国債、人材国債を発行しての財源調

質疑応答

達を仲間内では議論しているところであります。

[33] 財政法第4条第1項は、「国の歳出は原則として国債又は借入金以外の歳入をもって賄うこと」と規定しているが、一方で、ただし書きにより公共事業費、出資金及び貸付金の財源については、例外的に国債発行又は借入金により調達することを認めている。これが「建設国債」と呼ばれる。建設国債を発行しても、なお歳入が不足すると見込まれる場合、特別の法律によって国債を発行することがあり、その性質から「赤字国債」と呼ばれることがある。

> 人材国債について法律をつくるということでしょうか

民主党（当時）　福島伸享

でも、これはすべて政治の意志があればできることだと思っておりますし、政治の意志を支えるのはみなさま方のお声だと思っておりますので、ぜひ、応援していただければと思います。

> マニフェストに入れていただければ投票しやすいですね

おおさか維新の会　浦野靖人

もう、それはすべて優先順位をどうするかだけの話だと思います。
すでに、もう今、国の予算は借金をしないと立てられなくなっていますよね。その中で何

に重点的にお金を使うかというのは、まさに福島先生と同じ意見です。政治がどうするか、優先順位を何にするかを決めていくことだと思っています。

もっと優先順位を高めてほしいですね

おおさか維新の会　浦野靖人

ここは各党というか、わが党以外は、すごく否定されるんですけど、例えばこの3年間で公務員の給料は3700億、恒久財源で投入したんですね。これは優先順位を変えて違うものに使ったらよかったんじゃないかなと思います。

そうなんですか？！

おおさか維新の会　浦野靖人

その法案に賛成しているのは、わが党以外、全員賛成してはるので、優先順位がわれわれとは違うんですよね。
そのあたりをどうしていくか、みなさんが声を上げてほしいです。
いや、公務員の給料を上げるぐらいやったら例えば教育にお金を使ってくださいよ、例えば保育士の給料を上げてくださいよというこ

とになれば、そう簡単に公務員の給料ばっかり突然、財源が現われて恒久的に上がっていくなんてことはなくなると思っています。

たしかに教育の優先順位は
上げていきたいですね

Q2
20代で挑戦できる社会にするための具体的な政策案はありますか

民主党（当時）福島伸享

抽象的なご質問なので、どうお答えしたらと思いますけれども、昔、第1次安倍政権で「再チャレンジできる社会」ってあって、私、これはすごいいい言葉だと思うんです。
終身雇用はいいところもあると思うんですけれども、20代は会社に入ってみたら、合わなかったってあると思うんですよね。
それで1回、転職すると、それでバツがついちゃって、あとは非正規のような仕事しかないというような雇用慣行というのを変える必要があるでしょう。

転職がしやすい社会
ということですね

第2部 若者政策討議会 ～ボクらのホンネを聞いてください～

民主党（当時） 福島伸享

職場が変わったとしても年金は額が変わらない。今のライフスタイルが変わったことによって社会保障を受ける仕組みが変わるというのを改めなければならないでしょうし、そうしたことを私は政策として取り組んでいく必要があるんじゃないかなというふうに思っています。

**Q3
大学は就職のための準備校になっている。大学教育を研究のための期間とするために卒業後に就職活動を始める仕組みにする必要があるのではないでしょうか**

日本共産党　田村智子

質問は就職活動が非常に早期化しているという意味と理解をいたします。たしかに日本のように何か一斉に４月入社っていう制度はヨーロッパやアメリカではあまり見られないわけですよね。大学卒業してから、いろんな体験をしてから就職するっていう人もいる。

たしかに海外ではそうです

質疑応答

日本共産党　田村智子

「何で一斉に4月に入社をしなければならないのか」っていうことから考えなければならないのかなと思います。
ただ、同時に卒業した瞬間に就職しなければ生きていけないっていう問題も横たわっているだけに、やはり日本における就職のあり方っていうのは、いろいろ根が深く、考えなければならないことが多いと思います。

> まさにボクらがこれから
> 直面する課題です

日本共産党　田村智子

私はやっぱり大学で何を学ぶのかっていうことを本当に高校生のときから、あるいは中学ぐらいのときから考えられるような教育システムになっていかなきゃならないと思います。
全部が、その次の段階の準備になっちゃうんですよね。中学は高校受験の準備、高校は大学受験の準備のようになっている。
そうじゃない教育システムのあり方を考えなければならないと思います。

> 受験対策になっている
> 授業がほとんどです

日本共産党　田村智子

就職までの間、自らの力を生かすためには、もう少し専門的な、こういう分野で勉強してみたい、あるいは、こういう分野でボランティアの活動をしてみたい、あるいはアルバイトで、まず、こういう仕事を経験してみたい、こういう選択をした場合の支援策検討の余地があるんじゃないかと思うんですね。

企業が即戦力を求めて、それで、すぐに就職してほしい、すぐに学力も生かしてほしいと。こんなやり方は大本から、正していくことが必要ではなかろうかと思います。

企業と教育どちらにも課題がありますね

維新の党（当時）　落合貴之

これは、でも企業の採用の慣例を変えないといけないので、簡単に政府の方針でできる問題ではないと思います。けれども、韓国を見ても、例えば夏休みにインターンに行って、そこで気に入ったところに就職したり、あとは卒業してから何カ月間が空いていて、その間に就職したりとか、年齢に関係なく大学に行って働いて、また大学に行くとかあるわけです。

質疑応答

> 海外の大学進学者は幅が広いですね

維新の党（当時）落合貴之

> やはり企業の採用する慣行が、わが国の場合は一斉に同じ年齢でとなっていますので、その部分にメスを入れていかなきゃならない問題だと思います。

> 新卒一括採用ですね

民主党（当時）福島伸享

> 私は大学というのは就職予備校ではないと思っているんですね。役所にいたときに毎年、採用活動を行っていましたけど、勉強だけをやって、役所に入ることを大学1年生から目的にしたような人はなるべく採用しないようにしておりました。

> なるほど

民主党（当時）福島伸享

> 無駄って大事だと思うんですよ。今、文系学部を縮小するとか、いろんな議論がありますけれども、大学生のときだからこそ真理を探究してみたいとか、何か1つの一見無駄とも思えることに夢中になることで見えるものと

か得られるものがあって、それが長い目で見て、社会にとっても役立つものになると思うんですね。

大学文系学部の存続はいま危機的な状況です

民主党（当時）　福島伸享

昔の大学はレジャーランドとか言われて、そういうモラトリアムがあったんですけど、今そういうのがどんどんなくなってきちゃっていると思うので、私はそういうある意味の遊びの部分を認めるべきだと思いますし、さきほどからありますように日本の就職活動って異常だと思うんですよ。
みんな、そのときしかしないリクルートスーツを着て、同じ時期に、ぞろぞろと、町、駅を歩く姿というのは異常だと思います。そうした就職慣行を変えていくことも必要じゃないかなと思っております。

企業に変化を求めなければなりませんね

自由民主党　牧原秀樹

私も、このちょっと深い問題を逆に考えないといけないなと思っています。大学は何のた

> めにあるのかっていうことですね。
> 実は大学の競争力ランキングってスイスが1位なので、私はスイスの大使に聞いたことがあるんです、何でスイスはそんなに大学のランキングが高いんですかと。そしたら逆に大使は日本に来て不思議なことがある。それはみんな何のために大学に行くんだということなんですね。

本質的な問題ですね

自由民主党　牧原秀樹

> スイスでは実は中卒ぐらいが普通で、自分が行きたい企業に行って、企業がいろんな基礎的教養を会社の仕事とも関連しつつ教えてくれるという制度で、大学まで行くのは学問で生きていきたいという人だけ。
> 必然的に大学の競争力は非常に高いという状況になっているということです。これはドイツもマイスター制度というのがあって同じようなことになっています。

日本は大学卒業が就職の基準になる企業が多いですからね

自由民主党　牧原秀樹

> 今の福島さんのように、遊びが重要だという

こともあります。アメリカみたいに勉強が厳しくて、みんなドロップアウトする大学で必死になって勉強する制度が日本にいいのか。これは悩ましく、ちょっと一概には言えないので、ぜひ、そういう深い問題から考えていきたいなというふうに思っています。

そもそも大学になぜ進学するのかは、ボクらも考えなくてはいけませんね

公明党　中野洋昌

新卒一括採用って、けっこう日本に独特な仕組みでして、これをなくしたほうがいいんじゃないかというご意見もあるんですけれども、ただ難しいなと私が常々思っていますのは、新卒一括採用って新卒にすごく有利な仕組みでもあるんです。

そうなんですか！

公明党　中野洋昌

要はキャリア、能力ではなくて、大学を卒業した若い人をこれから育てようということで採るという仕組みですので、これを一概になくせばいいかどうか私はけっこうしっかり考えないといけないと思います。

質疑応答

もう1つ、大学で何を学ぶのかというのもすごく根源的な問いでもありまして、しかし学生のみなさんに聞くと、やはり社会に出てから役立つことをなるべく大学で学びたいというお声が非常に最近、強いのかなというふうに思っています。

> 将来役に立つような勉強をしたいですね

公明党　中野洋昌

ですので、そういう多様な経験ができるような学びの場というのにこれから変えて、例えば留学とかもどんどんしていけるようにすればいいと思います。
逆に仕事と関わるようなことも、しっかり学べるようなものもあってもいいと思いますし、そういうことを進めていく必要があるんじゃないかなと思っております。

> 大学では多様なことを学べるようにしてほしいですね

おおさか維新の会　浦野靖人

やっぱり学歴社会をどうするかということに尽きると僕は思うんですね。
本当に何々大学卒業だっていうのが判断に

なって、日本をつくっているんでしょうね。
最近ではショーンKさんのことが話題になりましたけれども、この騒ぎになるまで、あの人の学歴なんか、知りませんでしたよ、僕も全然。気にもしたことがなかったですしね。

たしかに…

おおさか維新の会　浦野靖人

ただ、学歴を気にする人は今回の事件みたいに、たくさんいらっしゃるんですよね、どうしても。私はそれが故に、みんな、とりあえず大学に行くのではないかなと。
さきほどどなたかおっしゃいましたけど、大学に入るのは難しくて、大学を卒業するのは比較的簡単なのが日本なんですよね。
でも、それって大学の自治に関する話なので、どこまで突っ込めるかわからないんですけれども、僕はそれを改めるべきだと思いますね。

卒業が難しい日本の大学というのはあまり聞いたことがありませんね

おおさか維新の会　浦野靖人

やっぱり目的を持って大学に入って、その目的のために高いハードルを越えて卒業してい

くっていうのが本来あるべき姿だと思うんです。

大学進学の前にしっかり目的を持つことが必要ですね

みなさん、ありがとうございました!

若者政策草案

メッセージ

討議会の最後に、各議員のみなさまから、
日本の若者に向けて
メッセージをいただきました。

メッセージ

自由民主党　牧原秀樹

私も今、青年局長とか言っているんですけど44歳でありますね。心はずっと若者のつもりですけど、みなさんから見たら若者じゃなくなってきているわけです。
若者と思っている人も必ず年を取るということにはだれも抵抗できないので、若者だけの政策を考えるというよりは、さっき申し上げたように若者の目から見た長期ビジョン、つまり若者というのは当然、将来大丈夫かとか、そういう視点がありますので、そのことをしっかり政治は考える必要がある。

若者の目線はぜひ取り入れてください

自由民主党　牧原秀樹

逆に言うと最近テレビで、これが映ったとか、あれが映ったと、スキャンダルの追及なんかをやるとマスコミに映りやすいので、国会の審議が、そういうことばかりにかまけるようになっています。
そして骨太の議論がだんだん消え失せて、政治から、みんなの興味が薄れていくという悪循環に陥っていると思うんです。

> たしかに足のひっぱりあいにしか見えませんね

自由民主党　牧原秀樹

この悪循環を断ち切れるのは、私は今、若者だといわれているみなさま、あるいは心に若者の心がいまだに残っている自称若者のみなさまだというふうに思っています。
ぜひ、この18歳選挙権の導入を機に18歳、19歳のみなさまをはじめ、年齢的にも若いみなさんが必ず投票に行くということで投票率を上げてください。
これは大きな力だというふうにしてほしいですし、自称若者だというみなさんも、ぜひ、そういう声を上げて政治を、長期ビジョンを持った政治に変えるように、後押しをいただきたいと思います。どうぞよろしくお願いいたします。

> まずは、選挙に行くことが大切ですね

民主党（当時）福島伸享

今、18歳選挙権を控えて、これほど若者の政治参加とか、若者が何を考えているかが注目されているときはないと思います。今がチャンスですから、ぜひ、これからも言いた

いことをどんどん言っていただければというふうに思っております。
どの党も票が欲しいから、すり寄ってくるんですよ。意見を聞きますよと言った人に意見を言ったって物事は変わりません。票を入れたら終わりになってしまいます。

使い捨てにされてはいけませんね

民主党（当時）　福島伸享

世の中っていうのは年寄りが動かすことはないんですね。若者しか動かすことがないんです。
私もそう思って政治を志しました。三島由紀夫ファンだったんですが、三島由紀夫は私が生まれた年に45歳で死んだ。私も今、45歳になってしまって、選挙で3回落選している間に、いつの間にか、おっさんになってしまいました。
ぜひ、みなさん、若いうちにやれることをやったほうがいい。暴れるだけ暴れたほうがいいと思っております。

若いうちだからこそできることをやっていきます！

第2部 若者政策討議会 ～ボクらのホンネを聞いてください～

民主党（当時） 福島伸享

いろんな政策があると思います。いろんな政策があるけれども、若くていいことは政策の良し悪しじゃないんです。政策を実現するために夢中になって走り回れるというのが若さの特権なんですよ。
そして、ぜひ、そういう若者を見て、ちょっとこの若いやつのためには一肌脱ぐかというおじちゃん、おばちゃんを見つけてもらって、うまくじじ殺し、ばば殺しをしながら、世の中を動かしてほしいと思うんです。

若者からシニア世代に影響を与えていきたいですね

民主党（当時） 福島伸享

若い人たちには、みんな無条件で応援します。私も子供ができて子供を見ていると、とにかく若い人の言うことは目尻を下げながら聞くように、おじさんはなってしまうんですね。そういう人をうまく使いながら世の中を変える力になってほしいと思うんです。
私たちは、みなさん方が世の中を変えようと思っていることは全力で応援します。
それは若者のためにやるんじゃないんですね。将来の日本のために、この国のために、この社会のために。

メッセージ

> 何よりも自分たちの世代の利益ではなくて将来の日本のためということをぜひ訴えて、一緒に国を動かしていただけたらと思っております。

> 自分たちではなく、将来の日本ことまで考える視野は必要ですね

公明党　中野洋昌

> 地方創生、よくいろんな地方に行って、どういう人を入れれば盛り上がるかということで、よく若者、よそ者とか、いろんな若い方、新しい観点を持った方、今までにない価値観を持った方、こういう方が活躍すれば、どんどん活性化をするんだとという話をよく伺います。

> 私も地方で活動をしていると同じ話をよく聞きます。

公明党　中野洋昌

> 少子高齢化とか借金がすごい多いとか、暗いニュースがとかく多いですけど、日本の若い人が活躍する社会をつくることで元気を間違いなく取り戻せる。
> 私はそう思いますので、やはりそういう意味

でも若い方に対して、どういう政策をしていくのかというのが大事だというふうに思います。

> 若者に対する政策はぜひ打ち出してほしいです

公明党　中野洋昌

富樫さんのところの若者協議会のみなさまから、若者を大事にとか、いろんなご意見もいただいております。こういうものをぜひ党の中でしっかりと取り上げていけるように私もこれから、ぜひマニフェストとかにも載せられるようにがんばっていきたいと思います。

> マニフェストに載せていただければ、若者としても投票しやすいです

公明党　中野洋昌

今、公明党のほうでもちょうど若い世代の声を聞こうということで「VOICE ACTION [34]」という取り組みをまさにやっております。
事前に若い方のアンケートを全国でけっこうとっていたんですけれども、例えば、やはり賃金をもっと若い世代は上げてほしいとか、携帯の負担が重いとか、子育ての支援が必要

メッセージ

だとか、もっと働き方、休み方の改革が必要だとか、そもそも結婚、出会いの支援とか、いろんなご意見があります。

---

[34] 若者の声をたくさん集めて、国に届け、もっと暮らしやすい日本にしていくことをテーマに2016年1月よりはじまった公明党のプロジェクト。若者のニーズが高い5つの政策からひとつ選びアンケートで回答。結果は重点政策になる。スマホからも回答可能。

切実な悩みですね

公明党　中野洋昌

本当に若い人が今、何を求めているのか、こういうものもしっかりと党として、くみ上げられるように全力でがんばっていきたい。
やはり若い世代の政治家が若いみなさまの味方としてしっかりがんばっていけるようにこれからも努力してまいりますので、どうかよろしくお願いします。今日は本当にありがとうございました。

よろしくお願いします！

維新の党（当時）　落合貴之

シルバー民主主義っていうのは先進国ではどこも問題になっていますが、やはりこれから、このシルバー民主主義から脱却するということは大変重要なポイントだと思います。
それには2つあると思うんですが、まずシル

バーの方々に若者政策の意義を理解してもらわないと多数決で勝てません。
これは日本人であれば将来のためとか、未来のためとか、自分以外の人たちのために財源を移す、政策を実行する。これに対する理解はあると思います。自分たちだけが税金をとればいい、もらえればいいと思う人たちは、この国には、そんなにはいないはずですので、これは若い世代がシルバーの人たちを説得していかなきゃならないと思います。

若者が将来の日本について考え、シニアに訴えていく必要があるということですね

維新の党（当時）　落合貴之

もう1点は若い人たちが政治に参加するということが大変重要です。今回は18歳選挙権が導入されますけれども、これで断トツで10代、20代の投票率が低ければ、それは責任を放棄したことになる。

そのとおりだと思います

維新の党（当時）　落合貴之

それで若者のために政治を行おうという機運は一気にしぼむと思います。これは、やはり

メッセージ

政治を変えていくには国会で多数をとらなきゃいけないし、世論で多数をとらなきゃいけない。そのためには投票に行くのは当たり前であるし、やはり若い世代から選挙に出て、シルバーの人たちの政治家たちと戦う。自分の人生を懸けてでも戦うという人たちが出てこなければ、まったく変わりませんので、そういう政治の世界になるように私も一緒にがんばっていきたいと思います。

若い政治家はもっと必要だと思います

維新の党（当時）　落合貴之

今、国会議員の平均年齢は60歳近いそうですので、それは若い人たちが、そもそも選挙に出ないということが大きい問題だと思いますので、ぜひ、そこのリスクは若い人たちがとらなきゃいけないんじゃないでしょうか。

選挙に行くのではなく、自分が出るという人が多くならないと日本は変わらないですね

おおさか維新の会　鴻野靖人

おおさか維新の会は、もちろん、その名のとおり大阪発祥の政党です。

ほぼ大阪の国会議員が大半ですけれども、非常に若い人間が多いです。
平均年齢はたぶん40代じゃないですかね、今、おおさか維新の会だけは。
自分たちが政治の先頭に立つことによって大阪を変えてきました。

まさに大阪は大きく変わりましたよね

おおさか維新の会　浦野靖人

その結果、年配の方々も、いや、おおさか維新の会が言っていることは、要は自分たちの子ども、孫の世代のためを思ってやっていることや、というのを今はだいぶ理解をしていただいています。
そうでなかったら、おおさか維新の会の議員が、あんなにたくさん生まれません。われわれはやっぱりそういうふうな自分たちが言いにくいこともちゃんと言って、年齢の高い人たちの理解を得て、今まで政治をやってきた。その結果が大阪の今の議員の数だと思っています。

シニア世代の理解なくしては政治もうまくできないですよね

メッセージ

おおさか維新の会　浦野靖人

われわれが大阪でやってきたことをやはり国政でも同じようにやっていかないといけないと思っていますし、若い世代が、これから、やっぱりまずは政治に参加していく。
知らなかった。聞いたことない。それは、もうただの言い訳にしかならないんですよ。

> たしかに、ボクたちから自発的に政治に参加しないといけませんね

おおさか維新の会　浦野靖人

今、偉そうなことを言うていますけど、僕、大学生のとき、政治に興味はまったくありませんでした、正直ね。みなさんほど意識は高くなかったです。
でも、やっぱりみなさんみたいな意識の高い人たちも含めて若い人たちが政治に目を向けることが、これから、この日本を変えていくきっかけに絶対なると思うんで、みなさんがしっかりと目を見開いて、これからわれわれを監視していただけたらと思っています。

> しっかり注目していきます！

第2部 若者政策討議会 ～ボクらのホンネを聞いてください～

日本共産党　田村智子

若者の政策っていったときにやっぱり根本に置かれることは何か。若者よ、がんばれ、ということよりも何が若者の力を奪っているのか。その力を奪っているものを取り除いていくという政治をやっていかなければいけないと思っています。

> ボクらの力を奪っているものは何なのでしょう

日本共産党　田村智子

１人親家庭の子供の貧困率が50％を超えている。異常な事態です。もうスタートラインの地点から社会でがんばる力を本当に奪われている10代の子供たちがいる。
格差と貧困の是正ということは最優先で若者政策の中にも位置づけられなければならないと思います。

> 格差はたしかに大きな問題ですね

日本共産党　田村智子

それと今日、語れなかった雇用の問題でも非正規で使い捨てて若者の力を奪う。あるいは

正規で働いても長時間労働、パワハラ、セクハラで働けないような精神疾患に追いやると。
こんなやり方が、なぜ是正されないのか。こうした若者の力を奪うものを政治の責任で取り除くということをぜひ、みなさんと一緒にやっていきたいと思います。

> 若者の使い捨て対策など、進めてほしいです

日本共産党　田村智子

そして、もう1つ。やはり18歳選挙権っていうことは18歳になったら主権者としての意思表示をしようということです。
18歳までに、どれだけ意見を表明する権利がちゃんと認められ、その意見が尊重され、さまざまな決定事項に対して自らも関わることができる社会人になっていますか、ということが問いかけられなければならないと思います。

> 投票という決断ができる18歳にならなければなりませんね

日本共産党　田村智子

中学や高校で校則に、ものを言うことができるでしょうか。あまりにも不合理だと思う校則でも守るのが当たり前にされていないだろうか。先生の言うことに対して、それは違うという意見さえも言えないような教育になっている。

やっぱり、ここで本当にメスを入れていかなければ、18歳選挙権というのが本当に生きる社会になっていかないというふうに思います。中学、高校から、いかに意見を表明する場を私たちがつくっていくか、大人の責任で。このことにも取り組んでいきたいと思います。

若者を教育の場から変えていくということですね

各党の身近な政策実績

自由民主党

---

1. 2012年に比べ2014年の就業者数を100万人増加

2. 有効求人倍率 2012年 0.83倍 2014年 1.09倍へ

3. 高校生の就職内定率を2012年41.0%から2014年には54.4%に改善

4. 安倍政権発足後、女性の就業者数が約80万人増

5. 賃上げ率2.07%、過去15年で最高

6. 企業の倒産件数、政権交代前と比較して約20%減

● **自民党に新しい風、若者と共に歩む取り組み**

青年局が中心となり、若年層との交流事業 Real Youth Project を開始、**青年局のメンバーを中心に全国で若者と少人数でも意見交換や交流**を行っています。

また、出張講演やパネルディスカッション、政策協議ほか、ゼミやサークルなど、様々なところからの呼びかけにも応じています。

党内では「2020年以降の経済財政構想小委員会」を立ち上げ世代間格差是正を目指し小泉新次郎議員を事務局長に動き出しました。

● **自民党から若者へのメッセージ**

「レールからの解放―22世紀へ。人口減少を強みに変える、新たな社会モデルを目指して―」（一部抜粋）

「一度レールから外れてしまうとやり直しがきかない」そんな恐れから小さなチャレンジにも踏み出せない。価値観が多様化しているにも関わらず、人生の横並びばかりを意識し、自分らしい選択ができない。かつて幸せになるために作られたレールが今、この国の閉塞感につながっている。

政治が、その「レール」をぶっ壊していく。

もっと自由に生きていける日本を創るために。

政治が用意した一つの生き方に個人が合わせるのでなく、個人それぞれの生き方に政治が合わせていく。

人口減少さえも強みに変える、22世紀を見据えた新しい社会モデルを、私たちの世代で創っていきたい。

公明党

---

1. 高校生等少額給付金の拡大
   高等学校等就学支援金制度の継続

2. 小中教科書無料配布

3. 大学生向けの無利子奨学金の充実

4. 携帯料金の引き下げ：大手3社が5000円以下の低料金プラン新設

5. UR家賃新ルール：低所得高齢者の特別減額維持。子育て世帯も対象

6. 公庫融資：中小企業向けや教育ローンなど延滞利率引き下げ

●公明党の若者の声を集める画期的な取り組み！

「小さな声を大きな力に」公明党青年委員会が、全国の若者の声を聞き、国会に届けるため、「VOICE ACTION」を立ち上げ若者の声を街頭とインターネットで集約し政策に反映できるよう仕組みを作りました。

● Voice Action 政策アンケート集計結果

1. 非正規雇用の待遇改善や最低賃金 1000 円　25%
2. 不妊治療の公費助成や幼児教育の無償化　25%
3. 無料で使える公衆無線 LAN の充実　22%
4. 月曜午前半休の促進など、働きかた・休み方改革　18%
5. 婚活や新婚世帯の支援　10%

●2016 年の参議院選挙何を訴えていく！

中野議員よると「公明党が一番若者政策に力を入れてきました。一番の若者の味方です」とのこと。

4月28日にマニフェスト骨子案が発表され、返済不要の給付型奨学金の創設や子育て支援など若者・女性向けの政策を中心に打ち出し、若者政策担当相新設や被選挙権年齢の引き下げも目指しています。

また、山口代表は「これからの時代は若者や女性が活躍できる希望社会へと変えていく必要がある。政権の中で、公明党がアクセル役として存分の力を発揮していく」と中央幹事会で述べました。

民進党

---

1. 子ども手当・新児童手当

2. 1300万人の年金記録を回復

3. ワクチンの公費助成を実現

4. 非正規労働者221万人に新たに雇用保険の適用拡大

5. 自殺者対策強化
   15年ぶりに3万人以下へ

6. ひも付き補助金を廃止
   地方への一括交付金を実施

●民進党の若者に対する取り組み

　民主党は「民主党大学」と称し、タレントなどを招待し若者を対象としたトークイベントを行ってきたほか、維新の党も学生との交流会・意見交換会・政策協議などに参加してきました。

　合流後も同様に若者向けの取り組みがなされています。

　また党の代表である岡田氏が、「**2016年は若者、若者、若者の年**」と発言したほか、若者との答弁などでは民進党はチルドレンファーストで取り組んでいくと表明しています。

　2016年の参議院選挙では被選挙権の引き下げなどを若者政策として取り組んでいく予定です。

　若者に関する党の基本政策としては「子どもと若者の支援や男女共同参画を進め、正社員で働くことができ、希望すれば結婚し子どもを持つことができる『人口堅持社会』を目指す」と記載されています。

日本共産党

---

1. 学生の奨学金を無利子にする上、給付奨学金を創設すると提言

2. 大学予算削減を学費値上げでまかなう方針を撤回させる

3. ブラック企業規制法案を提出

4. "減らない年金"を実現し、無年金・低年金の根本的解消をはかる

5. 認可保育所の大幅増設で待機児童をゼロにする

6. ひとり親家庭の雇用確保と支援、児童扶養手当や就学援助の拡充など子どもの貧困対策を強める

●日本共産党の若者に対する取り組み

「若者ホンネ言っちゃおCAR」と称し、全国を回りながら**若者との対話や街頭での訴えをするなどの活動**をしています。

そのほか、他党と同様に超党派のイベントなどに出席したり懇親会に参加したりしています。

また、デモや集会、街角などで若者の声を拾えるように活動もしています。

さらに2016年、18歳選挙権元年を意識し『JCP magazine』という若者向けにパンフレットを発行しました。

『JPC magazine』(一部抜粋)

学費が高すぎて進学を断念、卒業したら300万円の借金返済…。

若者たちが伸びようとする芽をつむ社会に未来はありません。若者たちに投資を。これこそ日本社会のなすべきことです。

若者をまるでモノのように扱い、使いすてる雇用のあり方を抜本改革します。

おおさか維新の会

---

1. 知事報酬30％カット、知事退職金80％カット、議員報酬の30％カット、政務調査費15％カット

2. 待機児童の解消：平成27年4月までに52,000人分の入所枠を確保

3. こども医療費助成の拡充

4. 児童虐待対策の強化・ひとり親家庭に対する支援

5. 大阪市ジョブアタック事業
   若年者等への就業支援、企業と求職者のマッチング機能の拡充H23年と比べH25年有効求人倍率0.3％アップ、完全失業率0.3％ダウン

6. 私立高校生等授業料支援補助金の支給額を大幅に拡充

●**おおさか維新の会の若者に対する取り組み**

おおさか維新の会【学生マニフェスト会議】や、若者団体等とのイベントをはじめ各地で若者との交流会、意見交換会、政策協議などを行っており、政策に反映させることができるよう取り組んでいます。

参加する議員は地方議員から幹事長、政調会長レベルまで様々です。

2016年の参議院選挙骨子案のはじめには、「身を切る改革：大阪での改革を日本全国へ！」と記されており、公務員人件費削減や既得権へのムダな財政支出削減を断行していくとのこと。

それによって生まれた財源で、将来世代への重点投資（教育無償化）と真に援助が必要な人々を徹底支援と発表するなど、教育無償化や地域主権改革、年金は積み立て方式にするといった若者を意識した政策が目立ちます。

あとがき

　『ぼくらのキボウ　政治のリアル』と題し、ここまで日本の若者が置かれた現状と、課題、そして「若者政策草案」とそれに対する国会議員、各政党の反応を紹介してきました。

　最後に、実際に全国さまざまな地域で若者のキボウを聞き、それを国会議員の方に伝え、政治についてリアルな話し合いを積み重ねてきたをしてきた私から、どうしても聞いてほしいメッセージを3つ、「あとがき」として執筆させていただきました。

　ひとつめは、今まさに日本を動かし、これから若者の将来を左右する力をもった**「政治家のみなさん」**に伝えたいこと。

　次に、家族をもち、親となった世代みなさん、あるいは仕事を引退され、もしかするとお孫さんもいらっしゃるような、でも**「かつて若者だったみなさん」**にお伝えしたいこと。

そして最後に、今まさに若者といわれている、そしてきっと**すぐに「大人」になってしまうボクら同世代のみなさん**に向けて伝えたいこと、です。

最後まで読んでいただいたときに、この本がみなさんにとって少しでも「若者」や「若者政策」のこれからを考えるきっかけになっていれば幸いです。

政治家のみなさんへ

国会議員、地方議員、いずれも選挙を通らなくてはなれません。しかし、選挙だけが民意を反映させる方法ではありません。

選挙権がない子どもたちもいれば、どうしても選挙に行けなかった人たち、「政治に裏切られもう絶対に選挙などいかん」、そう思っている人もいます。

たしかに、選挙は大事なことです。しかし、有権者のそれぞれの想いや考えと必ずしもマッチしない人に投票する「ベストではなくベターな判断」によって選ばれる政治家の方がほとんどではないでしょうか。

有権者が100%、候補者が唱えている政策に賛成ということは難しく、身近な問題に関わる政策ほどそういう傾向があります。

だからこそ、**議会だけでなく住民投票や、常日頃から直接話を聞くことを大切にしてほしい**、特にその場に若者が入ってくることができるような環境づくり、仕組みづくりをしてほしい、私はそう思います。

　18歳選挙権元年である今年、これから徐々に私たち政治に対する関心が高まっていき、より身近になっていきます。
　2016年がやっとそのスタートで、大切なのはこれからです。

　若者の中には参議院選挙が過ぎると、**若者や若者政策についての関心が与野党共に低くなってしまうのではないか**と危惧する声もあります。
　しかし、そうならないでほしい。
　国の借金、年金や社会保障、過疎化や少子高齢社会、日本は様々な問題が山積しています。
　いつの時代も未来を担っていくのは私たち若者で、未来を映す鏡ともいわれています。いまがよければ、10年後がよければという考えではなくいつまでも持続可能な社会づくりをしていかなくてはいけません。

若者が将来に不安ばかり抱いている社会で、誇りある国づくりができるのでしょうか。

最近、私自身も自然豊かな地方で若者が集まれるような場所をつくるため、畑作業を通じ、地域振興に取り組んでいます。

地元の方々から聞こえてくるのは後継者不足や人口減少の問題、そして耕作放棄地です。

しかし、日本の誇りはここにある、私はそう思っています。おいしいご飯に綺麗な景色、お昼におにぎりやお漬物の差し入れをいただくと、あたたかい心に包まれます。これらを大切にしたい、絶対に無くしたくはない。東日本大震災からの復興支援でも同じことを感じました。

また、地元を良くしたい、移住先で恩返ししたいと必死に活動するたくさんの若者とも出会いました。これらのことを守るためにも、**その地域で生きる若者、日本全体の若者にもうすこし焦点をあててもいい**のではないでしょうか。

政治家の皆さんと一緒に私たちにできること、しなくてはいけないことを考えていきたいです。

かつて若者だった、あなたへ

頑張る若者、挑戦する若者たちをもっともっと応援して

ほしい。

　だれもが歳を取ります。だれもが若者時代を経験します。そしてまた新しい若者が誕生します。その中で時代が変わっていきます。ファッションや流行語、カルチャー、私たち若者でもついていけないぐらい時代は変化しています。

　政治参加のスタイルも変わりました。昔、政治参加といえばデモや闘争だったのかもしれません。しかし、いまの若者は現役国会議員や政治家を招いての公開討論会や政策提言、政策反映のためのロビング、若者議会などから、居酒屋で国会議員と話したり、学校に呼んでディスカッションしたり様々な形でソフトに政治活動を行っています。

　「政治活動」という言葉にはあまり良いイメージがないかもしれません。
　けれども、デモなどとはまた違った新しい形の**政治参加にみなさんの子どもたちが参加したいといったとき、背中を押してあげてください。**
　心配になることはあると思います。でも、まずはちょっと調べてみてください。そのときに、怪しそうなら子どもと対話をするとかは必要です。
　でも「政治」と名前がつくだけで、参加させないようなことはしないでほしいと思います。
　政治だけでなくボランティア活動やアルバイトなどもそ

うです。

　政治への関心は無理矢理持つものではありません。日ごろの生活や地域での活動から「政治って大事なんだな」と思えることが大事です。

　私がアメリカに留学していたとき、高校の進級要件に「一定時間以上のコミュニティーサービス」がありました。
　いまや欧州ではこの制度があたりまえになってきています。
　たしかに勉強することは大事です。しかし、**与えられる学問ではなく自ら学んでいく姿勢がなければ頭にも入ってきません。**
　地域活動や様々なところで問題を見つけて、その解決のために勉強が必要なんだと思うことができる経験、そして実学が大切だと私は思います。

　みなさんの子どもたちが地域活動やボランティアに参加したいというとき、ぜひ背中を押してあげてください。

今は若者といわれる、ボクらへ

　みなさんは社会人という言葉をどのように使っていますか？

私は代表を務める団体の活動で、リーダーシップトレーニングというものを受け、その中に「社会人」という言葉の使い方についてのディスカッションがありました。

　行政や公共交通、観光施設などでは料金区分に「こども／大人」と表記したり、「小学生・中学生・大学生・一般／大人」と表記することがほとんどです。

　しかし、学生団体が主催するイベントやテレビコマーシャルなどでは「社会人」という言葉が乱用されます。

　もちろん、大学を卒業し新入社員となった人に「社会人デビューおめでとう！」と言葉をかけるなど、日常でもきく言葉です。

「社会人」はほかの言語であるのでしょうか？

　英語にはありません。英語に直訳すれば「A member of society」、社会の一員という意味です。

　では、小学校、中学校は社会の一部ではないのでしょうか？とくに大学は研究機関として社会において大きな役割を持っているわけですし、**この世の中で社会の一員ではない人はいないはずです。**

　しかし、日本では働いてからはじめて社会の一員、社会人として認められるかのような風潮があります。

ときにこうした言葉は学生の発言環境を圧迫してしまいます。まだ「社会人」じゃないのにといった具合に。
　また社会人という言葉の中に例えばお坊さんや神父さん、警察官や消防士など特別な仕事をしている人が含まれていないということもあるように思います。

　よく成人式に、地元地域の政治家などが挨拶をしにきて「今日からみなさんは政治に参加できるようになります」といった話をすることがあります。
　しかし考えてみると、20歳になって、もしくは18歳になってはじめて政治に参加できるわけではありません。
　意志があれば、小学生でも、幼稚園児でも、社会の一員として投票以外でもロビングや話し合い、政策提言、様々な形で政治に参加することができます。

　社会人＝スーツを着てオフィスを拠点に仕事をしている人というイメージをボクらの世代から止め、みんながみんな社会人として社会をつくっているんだと意識づくりをし、実感もできる世の中にできれば、より良い日本になると思います。

　日本だけでなく、世界にもたくさんの問題があって、将来不安なのはあたりまえだと思います。
今日を生きるのが精いっぱいで政治とか考える余裕がない

若者もたくさんいます。

　だけど、未来をあきらめずにボクらがいまできること、ボクらだからこそできることを考えながら、ほかの世代とも力を合わせて一緒によりよい世の中をつくっていくことが必要だと思います。

　ボクらのキボウを、政治・政策としてリアルなものにしていけるように、「社会人」としていっしょに一歩を踏み出していきましょう！

きらめく星座 放課後のプレアデス

発行日　2016年6月20日　第1刷

Author	富樫　平良
Book Designer/DTP	天明幸一郎（NIGN）
Photographer	鈴間菜央郎（ペーパー・タイガー） 芝生貴明（未来図版）
Illustrator	岸田良治（未来図版）
Publication	株式会社ディスカヴァー・トゥエンティワン 〒102-0093　東京都千代田区平河町2-16-1　平河町森タワー11F TEL 03-3237-8321（代表）　FAX 03-3237-8323 http://www.d21.co.jp
Publisher	干場弓子
Editor	林拓馬
Marketing Group Staff	小田孝文　大山聡子　古矢薫　井筒浩　小田木香　千葉潤子 町田加奈子　高橋真美　山中麻吏　西川なつか 石崎礼　米山恵一　辺土名泰　佐原しおり　中村悠希 越智佳菜　安永姫菜　鍋田匠伴　榊原香菜　佐竹祐哉　藤内郁英 野村尚子　橋本千佳　田中祐晋　橋本莉奈　木村玲香 春田恵理　栗橋稜穂　渡邊宙志　庄司知世　佐々木玲
Assistant Staff	藤井加奈子　丸山香織　小林由美　井筒瑞子 藤井多帆子　藤井菜奈　根日屋笑子　竹内悠子　佐藤愛 牧野友紀　イエン・サバイイ　高木洋子　松下帆　永井明日花 片桐美希　榎本千花
Operation Group Staff	松尾幸恵　田中亜紀　棚木友紀　杉藤紗子　宏邁柑太
Productive Group Staff	磯田梨乃　千葉正幸　菊地敏和　林珠梅　三谷祐一　石橋和貴 大山健太　大竹朝子　湖梁真人　井上博来　清下久朗　松名涼 米下夏香　徳田昇輝　芳鮮代
Proofreader	株式会社鷗来堂
Printing	日経印刷株式会社

○定価はカバーに表示してあります。本書の無断転載・複写は、著作権法上での例外を除き禁じられています。インターネット、モバイル等の電子メディアにおける無断転載ならびに第三者によるスキャンやデジタル化もこれに準じます。
○乱丁・落丁本はお取り替えいたしますので、弊社いつでも小社「お店品交換係」までお送りください。

ISBN978-4-7993-1918-5 ©Taira Togashi, 2016, Printed in Japan.